THEATERBIBLIOTHEK

Die Deutsche Bibliothek – CIP-Einheitsaufnahme

Molière: Der Menschenfeind. Der Tartuffe / Molière. In dt. Verse übertr. von Simon Werle. – Frankfurt/Main : Verl. der Autoren, 1993
   (Theaterbibliothek)
   Einheitssacht.: Le misanthrope ‹dt.›
   Einheitssacht. des beigef. Werkes: Le Tartuffe ‹dt.›
   ISBN 3-88661-141-8
NE: Werle, Simon [Übers.]; Molière: [Sammlung ‹dt.›]

© Verlag der Autoren, Frankfurt am Main 1993
Gesamtherstellung: Druck- und Verlags-Gesellschaft mbH, Darmstadt
Printed in Germany

Molière
Der Menschenfeind
Der Tartuffe

In deutsche Verse übertragen
von Simon Werle

Verlag der Autoren

INHALT

Der Menschenfeind

PERSONEN

ALCESTE, Verehrer Célimènes
PHILINTE, Freund Alcestes
ORONTE, Verehrer Célimènes
CELIMENE, Alcestes Angebetete
ELIANTE, Célimènes Cousine
ARSINOE, Célimènes Freundin
ACASTE, Marquis
CLITANDRE, Marquis
BASQUE, Célimènes Diener
BEAMTER des Marschallgerichts
DU BOIS, Alcestes Diener

Schauplatz der Handlung ist Paris, im Hause Célimènes.

1. AKT

1. SZENE – PHILINTE, ALCESTE.

PHILINTE
Was habt Ihr? Was ist los?

ALCESTE
                                    Ach, macht Euch aus dem Staub!

PHILINTE
Welch eine sonderbare Schrulle, mit Verlaub…

ALCESTE
Verkriecht Euch bloß und laßt mir meine Ruh.

PHILINTE
Anstatt sich gleich zu ärgern, hört man erst dem andern zu!

ALCESTE
Ich will mich aber ärgern und nicht hören.

PHILINTE
Was kann Euch nur aus heitrem Himmel so verstören?
Auch wenn wir Freunde sind, bin ich zuerst dabei…

ALCESTE
Ich Euer Freund? Streicht das nur ja aus Euerer Kartei.
Bisher hab ich vor aller Welt behauptet, daß ichs wäre;
doch so, wie Ihr Euch nach und nach entpuppt,
sag ich Euch offen: ich verzicht auf diese Ehre,
erkenn ich einen Mann in seinem Herzen als korrupt.

PHILINTE
Alceste, ich scheine tief in Schuld vor Euch zu stehn.

ALCESTE
Hört auf, Ihr solltet schier vor Scham vergehn.
So ein Verhalten läßt sich nicht entschuldigen,
und jeden Ehrenmann wird es zu Recht erbosen.
Ich seh Euch einem Menschen überschwenglich huldigen,
ihn mit den wärmsten Zeichen Eurer Zuneigung liebkosen,
mit Komplimenten, Angeboten, Treueschwüren

die Inbrunst Eurer Freundschaft schüren:
und als ich mich erkundige, wer der Mann ist,
stellt sich heraus, daß Ihr kaum seinen Namen wißt,
all Eure Glut erlischt beim Auseinandergehn
und Ihr behandelt ihn vor mir als irgendwen.
Zum Teufel! Es ist elend, schändlich und infam,
stellt man so niedrig seine Seele zum Verkauf;
käms je soweit, daß ich mich derart würdelos benahm,
ich knüpfte mich aus Ekel vor mir selbst umgehend auf.

PHILINTE
Der Fall verdient in meinen Augen nicht den Strick;
erlaubt mir denn auf dieses mein Verbrechen
einen nicht ganz so gnadenlosen Blick
und räumt mir ein, dem Urteil nicht gleich zu entsprechen.

ALCESTE
Das Witzemachen ist hier fehl am Platz.

PHILINTE
So sagt im Ernst: Wie soll man sich betragen?

ALCESTE
Ein Ehrenmann ist aufrichtig in jedem Satz,
und was sein Herz nicht meint, das wird er auch nicht sagen.

PHILINTE
Begrüßt uns jemand hochbeglückt mit Freundschaftsküssen,
dann werden wir ihm das mit gleicher Münze zahlen müssen,
wir geben ihm die Höflichkeiten umgehend retour,
vergelten Lob mit Lob und Freundschaftsschwur

ALCESTE   [mit Freundschaftsschwur.
Nein, sag ich; keine Art des Umgangs ist mir ungeheurer
als die all Eurer Kavaliere nach dem letzten Schrei;
nichts haß ich wie die unaufhörliche Katzbuckelei
all dieser unausstehlichen Verbundenheitsbeteurer,
die leutselig mit allen Küsse tauschen,
bedeutungsschwanger über Nichtigkeiten plauschen,
mit jedem um die Palme aller Artigkeiten ringen

und Ehrenmann und Tropf gleichviel Respekt
[entgegenbringen.
Was nutzt es, wenn ein Mann sich um Euch reißt,
Euch Freundschaft schwört, Wertschätzung,
[Inbrunst, Herzensglut
und Euer Wesen in den höchsten Tönen preist,
wenn er bei dem nächstbesten Wicht dasselbe tut?
Nein nein, kein Herz, das etwas auf sich hält,
will den Respekt, der wohlfeil ist für alle Welt,
und selbst dem Eitelsten steigt kaum ein Lob zu Kopf,
wirfts ihn doch nur mit aller Welt in einen Topf.
Hochachtung gründet sich auf Unterschiede des Gewichts,
und der, der alles achtet, achtet nichts.
Da Ihr Euch nicht verwahrt gegen die Laster unsrer Zeit,
zum Teufel auch, gehört Ihr nicht zu meinen Leuten.
Ich bin gegen die all umfassende Verbindlichkeit,
der Unterschiede des Verdienstes nichts bedeuten;
ich will, daß man mich würdigt, und ums klar zu sagen:
mit einem Freund der Gattung Mensch kann man
PHILINTE   [mich jagen.
Man muß doch wohl, wenn man ein Leben in
[Gesellschaft führt,
gewisse äußre Formen achten, wie es sich gebührt.
ALCESTE
Nein, sage ich, ich lasse keine Gnade walten
gegen das Tauschgeschäft der Innigkeitsgebärden.
Mensch soll man sein: mit wem wir uns auch unterhalten,
des Herzens Grund muß in der Rede sichtbar werden.
Das Herz führe das Wort, und nie maskiere es sein Fühlen
hinter verlognen Komplimenten und Kalkülen.
PHILINTE
Es gibt sehr viele Orte, wo die rückhaltlose Offenheit
nur lachhaft oder fehl am Platze wäre,
und oft ist es, entgegen Eurer Vorstellung von Ehre,

11

nur gut, daß man der eignen Regung keine Worte leiht.
Wärs etwa taktvoll und wohlüberlegt,
sagte man allen, welche Meinung man von ihnen hegt?
Wenn jemand uns verhaßt ist oder uns mißfällt,
soll man ihm gleich erklären, wie die Sache sich verhält?
ALCESTE
Ja.
PHILINTE
Ihr geht hin und sagt der alten Emilie,
daß sie zu weit an Jahren ist für ihre Koketterie
und daß sich jeder wundert, daß sie sich noch schminkt?
ALCESTE
Aber gewiß.
PHILINTE
Und Dorilas, daß er es wirklich übertreibt?
Daß er bei Hofe jeden zur Verzweiflung bringt,
wenn er sein blaues Blut und seinen Heldenmut beschreibt?
ALCESTE
Genau.
PHILINTE
Ihr scherzt.
ALCESTE
Ich scherze sicher nicht,
in diesem Punkt geh ich mit jedem ins Gericht.
Ich bin entsetzt; was auch am Hof und in der Stadt passiert,
es sind nur Dinge, die mir auf die Galle schlagen;
ich stürze in Verzweiflung, bin zu Tode deprimiert,
seh ich, wie sich die Menschen heut betragen.
Ich finde überall nur feige Schmeichelei,
nur Unrecht, Eigennutz, Verrat und Gaunerei,
ich halts nicht aus, ich platze: in Gedanken
fordre ich schon die ganze Menschheit in die Schranken.
PHILINTE
Ihr kennt in Eurem Weltschmerz gar kein Maß.

Ich mache mir aus Eurem Pessimismus einen Spaß,
und manchmal bring ich uns auf einen Nenner
mit jenen Brüdern aus Molières »Schule der Männer«,
für die...

ALCESTE

       Ach, laßt die albernen Vergleiche sein.

PHILINTE

Und Ihr hört auf mit Euren Nörgelein!
Ihr könnt Euch noch so mühn, die Welt ändert Ihr nie,
und da Ihr solche Sympathie für offne Worte hegt,
sag ich Euch klar, daß diese seltsame Manie
inzwischen überall, wo Ihr verkehrt, Belustigung erregt
und daß Ihr durch den Kampf gegen die Sitten unsrer Zeit
für viele Leute zum Gespött geworden seid.

ALCESTE

Nur recht so, Donnerkeil, nur recht so, darauf hab
                            [ichs abgesehn.
Das ist ein gutes Zeichen, und es macht mich froh.
Ich haß die Menschen samt und sonders so,
  daß mirs entsetzlich wär, für sie als Weiser dazustehn.

PHILINTE

Ihr seid der menschlichen Natur nicht gut gesonnen!

ALCESTE

Wie wahr! Aus tiefstem Herzen ist sie mir verhaßt!

PHILINTE

Und keine arme Seele, niemand, den Ihr gelten laßt,
ist dieser Eurer Abneigung entronnen?
Findet sich nicht sogar in unsern Tagen...

ALCESTE

Nichts da, ich kann die Menschen samt und sonders
                             [nicht ertragen.
Die einen wegen ihrer Lumpereien und Verbrechen,
die andern, weil sie mit dem Lumpenpack nicht brechen
und gegen Laster nicht mit jener Strenge wüten,

die sich für Tugendhaftigkeit gebührt.
Dieses Gewährenlassen treibt die schönsten Blüten
bei jenem Schuft, der mit mir prozessiert.
Ein jeder sieht die Schurkerei, die hinter seiner Maske steckt,
und überall hat man sein wahres Wesen längst entdeckt;
sein Augenaufschlag, seine aalglatten Manieren
können nur Leuten, die hier fremd sind, imponieren.
Man weiß, der hergelaufene Strolch, dem Prügel
                                           [gut bekämen,
verdankt den Aufstieg schmutzigsten Geschäften,
und sein Erfolg, an den sich Glanz und Reichtum heften,
muß jede Tugend schmerzen und die Ehrbarkeit beschämen.
Mit welchem Schimpfwort man ihn auch beleidigt,
von keinem wird sein jämmerlicher Ruf verteidigt:
nennt ihn nur Strauchdieb, Gauner, Lumpenhund,
es öffnet nicht ein Mensch zum Widerspruch den Mund.
Und doch ist seine Fratze überall willkommen,
von jedem wird er freudestrahlend aufgenommen,
und gilts, sich Positionen zu erschleichen,
dann sieht man ihn sie weit vor jedem Ehrenmann erreichen.
Zum Teufel auch! Mir tut es in der Seele weh,
wenn ich das Laster rücksichtsvoll behandelt seh,
und manchmal kommt mir der Gedanke in den Sinn,
ob ich nicht in die Wüste geh, wo ich vor Menschen

PHILINTE   _   [sicher bin.
Ach, hadert nicht so mit den Sitten unsrer Zeit
und laßt gegen die Menschen Nachsicht walten,
seziert sie nicht mit solcher Unerbittlichkeit
und schaut mit mehr Verständnis auf ihr Fehlverhalten.
Die Tugend muß in der Gesellschaft maßvoll bleiben,
und Sittenstrenge läßt sich durchaus übertreiben.
Vernunft heißt uns in allem stets die Mitte wahren
und fordert auch in der Moral ein nüchternes Gebaren.
Der strengen Tugendvorstellung der alten Zeit

müssen die Umgangsformen unsrer Tage nicht genügen.
Sie fordert von den Menschen allzuviel Vollkommenheit:
der eignen Zeit muß man sich ohne Starrsinn fügen,
und es ist immer eine schlimme Narretei,
wenn man sich aufgerufen fühlt zur Weltverbesserei.
Wie Ihr beobachte ich ständig tausend Dinge,
mit denen es, wär alles anders, besser ginge;
doch was ich auch auf Schritt und Tritt betrachten muß,
es stürzt mich nicht wie Euch in bitteren Verdruß.
Die Menschen nehm ich, wie sie sind, gelassen hin
und suche mich bei ihrem Tun zum Gleichmut zu erziehn.
Mein Phlegma scheint mir in der Stadt und auch bei Hof,
vergleicht mans Eurer Galle, nicht der schlechtre Philosoph.

ALCESTE
Bewirkt dies Phlegma, da so große Reden schwingt,
Monsieur, daß Euch rein gar nichts aus der Ruhe bringt?
Wenn jemand Eure Freundschaft durch Verrat mißachtet,
Euch tückisch Eurer Habe zu berauben trachtet
oder Verleumdungen zu Euerer Person verbreitet,
seht Ihr das alles, ohne daß es Euch Verdruß bereitet?

PHILINTE
Ich sehe diese Fehler, die Ihr so verdammt,
als etwas, was der menschlichen Natur entstammt,
und mich kann es nicht mehr verletzen,
seh ich die Menschen Unrecht tun, betrügen, raffen,
als säh ich Geier, die sich an Kadavern letzen,
tollwütige Wölfe oder eine Horde wilder Affen.

ALCESTE
Was! Soll ich zusehn, wie mich man beraubt, verrät,
                                        [zerfetzt,
und mich nicht... Donnerkeil! Mir reicht es jetzt,
ich sag nichts mehr auf das, was Ihr dahersalbadert.

PHILINTE
Zu schweigen wäre ganz im Sinne Eueres Interesses;

statt daß Ihr lautstark mit dem Gegner hadert,
widmet Euch mehr dem Ausgang Eueres Prozesses.

ALCESTE
Ich denk nicht dran. Ich werde mich nicht rühren.

PHILINTE
Und wer soll Eurer Meinung nach für Euch plädieren?

ALCESTE
Für mich? Mein gutes Recht, die Billigkeit und die Vernunft.

PHILINTE
Und niemanden besucht Ihr aus der Richterzunft?

ALCESTE
Gibts denn an meinem Recht etwas zu rütteln?

PHILINTE
Wohl nicht, doch um den Intriganten abzuschütteln,
muß man...

ALCESTE
Es ist beschlossen, keinen Finger mach ich krumm.
Ich bin im Recht, ja oder nein.

PHILINTE
Verlaßt Euch darauf lieber nicht.

ALCESTE
Ich laß es laufen.

PHILINTE
Euer Gegner bringts durch sein Gewicht
vielleicht soweit...

ALCESTE
Ich schere mich nicht drum.

PHILINTE
Daß Ihr Euch da nicht täuscht!

ALCESTE
Wir werden sehen, was passiert.

PHILINTE
Doch...

ALCESTE
Ich erlebe gerne, wie man vor Gericht verliert.

PHILINTE
  Bedenkt nur...
ALCESTE
                    Jedenfalls erfahr ich durch die Prozedur,
  ob sich die Menschen tatsächlich erfrechen,
  in der verworfnen Bosheit ihrer Wolfsnatur
  in meiner Sache öffentlich das Recht zu brechen.
PHILINTE
  Was für ein Mann!
ALCESTE
                    Auch wenn es mich bedeutend ärmer macht,
  ich geb die Sache gern verloren, nur ums zu erleben.
PHILINTE
  Alceste, Ihr würdet wirklich ausgelacht,
  würdet Ihr sowas öffentlich zum besten geben.
ALCESTE
  Nun, um so schlimmer für die Lacher.
PHILINTE
                    Doch diese gradlinige Art,
  die Ihr als oberstes Gebot auf Eure Fahne schriebt,
  die Ehrlichkeit, die Ihr so kompromißlos wahrt,
  trefft Ihr die etwa hier, in jenem Wesen, das Ihr liebt?
  Ich staune sehr, daß Ihr, der allem Anschein nach
  im Zwist mit der gesamten Menschheit liegt,
  trotz allem, was sie, wie Ihr meint, an Euch verbrach,
  doch unter ihr etwas entdeckt, das Euer Herz besiegt;
  und was mich dabei noch mehr wundernimmt,
  das ist die sonderbare Wahl, die ich Euch treffen seh.
  Die lautere Eliante ist freundlich gegen Euch gestimmt,
  mit Wohlwollen betrachtet Euch die ehrbare Arsinoé;
  Ihr aber legt auf beider Sympathien wenig Wert,
  indes Ihr Célimène, die mit Euch spielt,
                    [hingebungsvoll verehrt,
  sie, deren Klatschsucht und koketter Sinn

so unverkennbar zu den Sitten unsrer Tage paßt.
Wie duldet Ihr, der eben diese Sitten haßt,
in jener schönen Witwe ihre ausgesprochene Vertreterin?
Sinds keine Fehler mehr bei jener, der Ihr huldigt?
Seht Ihr sie nicht? Oder sind sie für Euch entschuldigt?

ALCESTE
Mein Herz kann noch so stark für sie empfinden,
die Schattenseiten ihres Wesens überseh ich nicht;
als erster nehme ich, auch wenn mich ihre Reize binden,
die Fehler an ihr wahr und geh mit ihnen ins Gericht.
Indes, was ich auch tun und sagen kann,
ich gebe meine Ohnmacht zu: sie hält mich doch in
[ihrem Bann;
umsonst erkenn ich und umsonst bekämpf ich ihre Schwächen,
ich bringe es nicht über mich, mit ihr zu brechen.
Ihr Liebreiz ist zu stark; mein unermüdliches Bemühn
wird ihr die Laster unsrer Zeit noch aberziehn.

PHILINTE
Wenn Ihr das schafft, dann habt Ihr viel vollbracht.
Ihr glaubt also, daß sie Euch liebt?

ALCESTE   Das wäre doch gelacht!
Ich könnte sie nicht lieben, würd ich das nicht glauben.

PHILINTE
Wenn sie sich eindeutig für Euch erklärt,
wie kommts, daß Nebenbuhler Euch die Ruhe rauben?

ALCESTE
Ein Herz, das liebt, verlangt, daß man ihm ganz gehört,
und ich kam eigens her, um ihr zu sagen,
wie heftig meine Leidenschaft auf Klarheit drängt.

PHILINTE
Wär es an mir, jemandem meine Freundschaft anzutragen,
ich hätt sie Célimènes Cousine, Eliante, geschenkt.
Ihr Herz, das Euch sehr schätzt, ist treu und offen,
und mit ihr hättet Ihr die beßre Wahl getroffen.

ALCESTE
Das stimmt; meine Vernunft führt es mir stets von neuem vor,
das Herz jedoch ist taub auf diesem Ohr.
PHILINTE
Ich fürchte, Eure Werbung wird nicht so verlaufen,
wie...

2. SZENE – ORONTE, ALCESTE, PHILINTE.

ORONTE
　　　Unten sagt man mir, um einzukaufen,
sei Eliante in der Stadt, und Célimène desgleichen;
doch als ich dann erfuhr, Ihr wärt hier oben zu erreichen,
kam ich herauf, um Euch aus tiefstem Herzensgrund
zu sagen, wie ganz außerordentlich ich Euch verehre
und daß ich lange schon nichts glühender begehre,
als mich mit Euch vereint zu sehn im Freundschaftsbund.
Mein Herz schätzt das Verdienst, wie dem Verdienst gebührt,
und brennt darauf, daß uns ein enges Band zusammenführt.
Ich glaub, wenn sich ein Mann wie ich in Eure Arme warf,
daß man ihn dann nicht von sich weisen darf.
Euch, bitte sehr, mein ich mit diesen Sätzen.

Alceste scheint träumerisch.

ALCESTE
Wen? Mich, Monsieur?
ORONTE
　　　　Ja, Euch. Sie werden Euch doch nicht verletzen?
ALCESTE
Das nicht; allein die Überraschung ist für mich sehr groß,
und äußerst plötzlich fällt mir diese Ehre in den Schoß.

ORONTE
Zu überraschen braucht Euch meine Achtung nicht,
und fordern könnt Ihr sie getrost von aller Welt.

ALCESTE
Monsieur...

ORONTE
                    Im ganzen Staate glänzt kein Licht,
das Euer Geist nicht in den Schatten stellt.

ALCESTE
Monsieur...

ORONTE
            Nicht auf den höchsten Rängen würd ich wagen,
mit Euch jemanden ernsthaft zu vergleichen.

ALCESTE
Monsieur...

ORONTE
            Und wenn ich lüg, soll mich der Blitz erschlagen.
Um Euch meine Empfindungen zu unterstreichen,
gestattet mir, Euch innig an mein Herz zu drücken
und in die Liste Eurer Freunde aufzurücken.
Ich bitt Euch: da! Schlagt ein! Versprecht Ihrs mir?
Wir werden Freunde?

ALCESTE   Monsieur...

ORONTE
                    Ihr seid noch immer nicht dafür?

ALCESTE
Monsieur, Ihr laßt mir zuviel Ehre angedeihen,
doch Freundschaft fordert etwas mehr Intimität;
und sicher heißt es, ihren Namen zu entweihen,
wenn man ein solches Wort gleich von den Dächern kräht.
Dies Band muß mit Besonnenheit und Einsicht reifen,
erst müssen wir uns kennen, ehe wir Partei ergreifen;
vielleicht sind wir so grundverschiedne Charaktere,
daß dieser Handel für uns beide zu bereuen wäre.

ORONTE
Genau! Es ist die Klugheit selbst, die aus Euch spricht,
und um so mehr will ich Euch darum schätzen.
Es sei das Werk der Zeit, daß sie die Bande enger flicht;
doch heute schon bin ich bereit, mich für Euch einzusetzen.
Sucht Ihr vielleicht bei Hof die richtigen Kanäle?
Man weiß, daß ich beim König etwas zähle:
mein Wort hat – in der Tat – bei ihm Gewicht; meine Person
behandelt er in allen Dingen stets mit Distinktion.
Kurzum: ich steh Euch gerne bei mit Rat und Tat,
und Euch, als einem Mann von höchstem geistigen Format,
möcht ich hiermit, um unsere Vertrautheit einzuleiten,
ein jüngst entstandenes Sonett zur Einsicht unterbreiten,
ob Ihr mir ratet, es in größerm Rahmen vorzustellen.

ALCESTE
Monsieur, ich kann da schlecht ein Urteil fällen.
Bitte erlaßt es mir.

ORONTE   Warum?

ALCESTE
                Nun, es ist meine Schwäche,
daß ich in diesem Punkt nicht durch die Blume spreche.

ORONTE
Genau das will ich, und ich hätte Grund zur Klage,
wenn Ihr, den ich nach einem aufrichtigen Urteil frage,
dann etwas sagt, das mir die Wahrheit vorenthält.

ALCESTE
Nun gut, ich bin bereit, wenn es Euch so gefällt.

ORONTE
»Sonett«. Sist ein Sonet. »Die Hoffnung«.
                   [Gegenstand ist eine Schöne,
die meine Leidenschaft geraume Zeit in Atem hielt.
»Die Hoffnung«... Es sind keine hochtrabenden Töne,
nur ein paar zarte Zeilen, luftig und verspielt.
Bei jeder Unterbrechung schaut er Alceste an.

ALCESTE
  Wir werden sehen.
ORONTE   Ich weiß nicht, ob der Stil
  die Worte wirklich klar und überzeugend fügt
  und ob Ihr nicht vielleicht die Ausdrucksweise rügt.
ALCESTE
  Wir werden sehen, Monsieur.
ORONTE
                    Ich sag Euch nur soviel:
  nicht mehr als eine Viertelstunde hab ich drauf verwandt.
ALCESTE
  Wir werden sehn; die Zeit tut nichts zum Gegenstand.
ORONTE *liest*
      Zwar lindert Hoffnung unsere Qual
      und lullt uns ein in Illusion;
      doch, Phillis, dieser Trost ist schal,
      winkt uns kein handfesterer Lohn.
PHILINTE
  Schon von den ersten Versen bin ich ganz entzückt.
ALCESTE *leise*
  Ihr habt die Stirn und findet das geglückt?
ORONTE
      Sehnsucht hat Eure Huld erregt.
      O hättet Ihr mit Huld gegeizt
      und Euch nicht so ins Zeug gelegt,
      wenn Ihr mich nur zur Hoffnung reizt.
PHILINTE
  O wie galant drückt Ihr all diese Dinge aus!
ALCESTE *leise zu Philinte*
  Verlogner Schmeichler, diesem Unfug spendet Ihr Applaus?
ORONTE
      Läßt ewig unerlöstes Harren
      den Strom der Glut zu Eis erstarren,
      ist Tod der Ausweg, der mir bleibt.

Nicht trügt mehr, schöne Phillis, Eure Huld,
und der gelangt ans Ende der Geduld,
des Hoffen Euch die Zeit vertreibt.

PHILINTE
Wie klar der Abgesang seine Pointe trifft.

ALCESTE *leise*
Die Pest auf deinen Abgesang, du Schlangengift.
O hättest du ihn dir nur selbst gesungen!

PHILINTE
Noch nie erschien mir ein Gedicht so voll und ganz
[gelungen.

ALCESTE *leise*
Verflucht!

ORONTE   Ihr schmeichelt mir und sagt es nur...

PHILINTE
Ich schmeichle nicht.

ALCESTE *leise*   Was machst du sonst, du feile Kreatur?

ORONTE *zu Alceste*
Doch Ihr, Ihr wißt, wir haben eine Abmachung getroffen:
drum sagt mir Eure Meinung frei und offen.

ALCESTE
Monsieur, ich finde dieses Thema äußerst delikat;
Bestätigung als Schöngeist wünscht sich jeder;
jüngst gab ich jemanden, den ich nicht nennen will, den Rat
nach der Lektüre eines Werks aus seiner Feder,
ein Mann von Stand halte sich sehr unter Kontrolle,
gelüstet es ihn plötzlich nach der Dichterrolle;
er zügele geflissentlich den ungestümen Drang,
von diesen Spielereien Aufhebens zu machen,
und zeige man sein Werk im ersten Überschwang,
dann biete man den andern sehr leicht Stoff zum Lachen.

ORONTE
Wollt Ihr mir damit sagen, mein Gedicht
würd ich zu Unrecht...

ALCESTE   Nein, das sag ich nicht.
Ihm aber sagt ich: seelenlose Kunst kann tödlich quälen,
und diese Schwäche reicht, damit man über einen
                                [Menschen unkt;
mag man ansonsten hundert gute Eigenschaften zählen,
man schaut bei einem Mann doch auf den wunden Punkt.

ORONTE
Stellt Ihr an dem Sonett denn Mängel fest?

ALCESTE
Das sag ich nicht; jedoch daß man das Schreiben besser läßt,
was das betrifft, erklärt ich jenem, daß in unsrer Zeit
ein solcher Drang die anständigsten Leute ruinierte.

ORONTE
Schreib ich denn schlecht? Seht Ihr da eine Ähnlichkeit?

ALCESTE
Das sag ich nicht. Doch was ich ihm vor Augen führte:
Warum, sagt ich, pocht Ihr denn so auf diese Reimereien
und wozu, Sakrament, wollt Ihr sie drucken lassen?
Die schlechten Bücher, die erscheinen, kann man ja verzeihen,
doch nur den Unglücksraben, welche sie aus Not verfassen.
O glaubt mir, laßt Euch nicht dazu verleiten,
diese Versuche durch die Lande zu verbreiten.
Verzichtet nicht, ganz gleich, wozu Euch Schmeichelei bewegt,
auf Euren Ruf als Ehrenmann, als den der Hof Euch kennt,
damit man Euch, von einem Drucker geldgierig verlegt,
statt dessen einen jämmerlichen Poetaster nennt.
Das also wollt ich ihm begreiflich machen.

ORONTE
Sehr schön, und was Ihr sagt, das leuchtet ein.
Doch was hat mein Sonett, verglichen mit den Sachen…

ALCESTE
Offen gesagt, hängt es ins stille Kämmerlein.
Ihr habt die falschen Vorbilder gewählt,
und Eure Bilder wirken sehr gequält.

Was soll das: »...lullt uns ein in Illusion«?
Und was meint »handfesterer Lohn«?
Was soll »nicht so in Zeug gelegt«?
Was meint »gelangt ans Ende der Geduld,
des Hoffen Euch die Zeit vertreibt«?
Dieser gespreizte, eitle Firlefanz
enthält von Maß und Wahrheit keine Spur,
ist nur Wortspielerei und Mummenschanz,
und nie spricht so die Stimme der Natur.
Ich bin über den Zeitgeschmnack entsetzt.
Der schlichte unsrer Väter macht da einen Unterschied,
und mehr als bei alldem, was unsre Zeit so schätzt,
empfinde ich bei diesem einen alten Lied:
    Wenn mir der König überließ
        die große Stadt Paris,
    aber dafür mich scheiden hieß
    von meinem Herzelieb,
    sagt ich ihm, daß ich von mir wies
        die große Stadt Paris
    und lieber blieb
        bei meinem Herzelieb.
Der Reim ist nicht sehr reich, nicht sehr modern der Stil;
doch seht Ihr nicht, daß das ganz anders lebt
als das Gekünstel, das der Seele widerstrebt,
und daß nichts andres daraus spricht als wirkliches Gefühl?
    Wenn mir der König überließ
        die große Stadt Paris,
    aber dafür mich scheiden hieß
    von meinem Herzelieb,
    sagt ich ihm, daß ich von mir wies
        die große Stadt Paris
    und lieber blieb
        bei meinem Herzelieb.
So äußert sich ein Herz, das sein Gefühl in Worte faßt.

Zu Philinte, der lacht.
Ja, mein Herr Lacher, anders als Euere Musensöhne
schätz ich das höher als den schwülstigen Bombast
der überall beklatschten, prätentiösen Töne.

ORONTE
Und ich behaupte, meine Verse sind nicht schlecht.

ALCESTE
Nun, Ihr habt Eure Gründe, daß Ihr so von ihnen sprecht,
jedoch gestattet mir, mich auf die eignen zu verlassen,
die es nicht nötig finden, sich den Euren anzupassen.

ORONTE
Mir reicht zu wissen: andre schätzen sie.

ALCESTE
Weil sie zu heucheln wissen, und das kann ich nie.

ORONTE
An Klugheit, denkt Ihr, steht Ihr ganz weit oben!

ALCESTE
Noch höher stünd ich, würd ich Eure Verse loben.

ORONTE
Auf Euren Beifall leist ich gern Verzicht.

ALCESTE
Das müßt Ihr auch: Applaus von mir bekommt Ihr nicht.

ORONTE
Ich wünschte mir, nur zum Vergleich, von Eurer Hand
auch ein paar Zeilen zu dem gleichen Gegenstand.

ALCESTE
Ich brächte, fürcht ich, genauso schlechte zu Papier,
doch fiele ich damit nicht andern Leuten in die Tür.

ORONTE
Der Spott, den ich in Euren Worten höre…

ALCESTE
Sucht Euch nur anderswo Eure Claqueure.

ORONTE
Mein kleiner Herr, nehmt Euch nicht gar so wichtig.

ALCESTE
   Mein großer Herr, ich nehme mich genau richtig.
PHILINTE *tritt zwischen sie*
   Ich bitt Euch, meine Herren, treibt es nicht zu weit.
ORONTE
   Ich räume Euch das Feld, Ihr seid im Recht,
   Monsieur; ich bleibe Euer Diener alle Zeit.
ALCESTE
   Und ich, Monsieur, bin untertänigst Euer Knecht.

3. SZENE – PHILINTE, ALCESTE.

PHILINTE
   Nun seht Ihr es: Ihr äußert Euch zu unverblümt!
   Jetzt habt Ihr ihn in Euren Feind verwandelt.
   Oronte kam nur, damit Ihr seine Dichtkunst rühmt…
ALCESTE
   Still.
PHILINTE
      Hört mir doch…
ALCESTE
               Mit Euch wird nicht verhandelt.
PHILINTE
   Ihr über…
ALCESTE
      Laßt!
PHILINTE
        Wenn…
ALCESTE
           Alles Reden kommt zu spät.
PHILINTE
   Wollt Ihr vielleicht…

ALCESTE
     Ich höre nichts.
PHILINTE
                Gebt mir...
ALCESTE
                          Was noch?
PHILINTE
                                   Ihr schmäht...
ALCESTE
    Zum Kuckuck auch! Ich geh! Kommt ja nicht mit.
PHILINTE
    Ihr scherzt! So schnell sind wir nicht quitt.

ZWEITER AKT

1. SZENE – ALCESTE, CELIMENE.

ALCESTE
  Madame, soll ich die Dinge klar beim Namen nennen:
  wißt, daß mir Euer Tun und Treiben arg mißfällt,
  daß es mir unsern Umgang mehr und mehr vergällt
  und daß ich spüre: eines Tages müssen wir uns trennen.
  Sagt ich es anders, wär es eine Lüge:
  wir werden früher oder später ohne Zweifel brechen,
  und gäb ich tausendmal das gegenteilige Versprechen,
  ich würds nicht halten, weil ichs nicht ertrüge.
CELIMENE
  Ich sehe schon, allein der Wunsch, mit mir zu streiten,
  ließ Euch mich so bereitwillig nach Haus begleiten.
ALCESTE
  Ich streite nicht, Madame; doch Eure Wesensart
  schenkt dem Erstbesten zuviel Platz in Eurem Herzen.
  Zuviel Verehrer sinds, die Ihr da um Euch schart,
  und diesen Zustand kann nicht nicht verschmerzen.
CELIMENE
  Weil ich Verehrer habe, zürnt Ihr mir?
  Wenn man Gefallen an mir findet, was kann ich dafür?
  Wenn Leute sich, um mich zu sehn, so rührend plagen,
  soll ich den Stock ergreifen, um sie zu verjagen?
ALCESTE
  Was nottut ist kein Stock, der sie aus Eurem Haus vertreibt,
  sondern ein Herz, das gegen ihre Werbung fester bleibt.
  Der Glanz der Schönheit strahlt um Euch auf allen Wegen,
  doch jedem, den er reizt, gewährt Ihr
                            [freundlichsten Empfang,
  der Eure Anbeter ermutigt, ihre Schutzwehr abzulegen,
  und so den Sieg vollendet, welchen Euer Blick errang.

Die huldvolle Belohnung, die Ihr sie erhoffen laßt,
bewirkt, daß sie mit Ausdauer ihr Glück erproben.
Wenn Ihr Euer Willkommen etwas spröder faßt,
ist auch die Schar Eurer Verehrer bald zerstoben.
Doch sagt mir nur, Madame, welch sonderbares Los erklärt es,
daß Herr Clitandre solche Zuneigung in Euch erweckt?
Aufgrund welchen Verdiensts und ganz besondren Wertes
zollt Ihr ihm soviel ehrenden Respekt?
Hat jener lange Nagel, den sein kleiner Finger trägt,
das Bild von ihm so eindrucksvoll geprägt?
Erweist Ihr, einträchtig mit der gesamten Prominenz,
dem Blond seiner Perücke Eure Reverenz?
Hat sein Gamaschenzierat ihn der Wertschätzung empfohlen?
Verzaubert Euch die Fülle seiner Banderolen?
Oder hat ihm der Prunk der stolzen Reitertracht
den Rang des ersten Eurer Diener eingebracht?
Vermochten ihn sein quäkendes Falsett, sein spitzes Kichern
der Neigung Eures Herzens zu versichern?

CELIMENE
Wie grundlos macht sich Euer Unmut an ihm fest!
Ihr wißt, daß mein Prozeß mich Rücksicht auf ihn

                        [nehmen läßt:
er sorgt dafür, wie er es mir versprach,
daß sein gesamter Freundeskreis für mich interveniert.

ALCESTE
Eurem verlorenen Prozeß weint keine Träne nach,
wenn Ihr dafür mit meinen Nebenbuhlern nicht paktiert.

CELIMENE
Euere Eifersucht gilt ja inzwischen wirklich allen!

ALCESTE
Ihr sucht ja jedem, der ins Haus kommt, zu gefallen!

CELIMENE
Das müßte Balsam sein für Euer zorniges Gemüt,
denn meine Gunst hält zwischen sämtlichen die Waage.

Ihr hättet viel berechtigteren Grund zur Klage,
säht Ihr mich nur um einen einzigen bemüht.

ALCESTE
Doch ich, in Euren Worten eifersüchtig ohne Maß,
was hab ich mehr als sie? Erklärt mir das!

CELIMENE
Die Sicherheit, daß man Euch Liebe schenkt.

ALCESTE
Und welchen Anlaß hat mein Herz, daß es so denkt?

CELIMENE
Ich glaube, wenn man sich zu einer solchen Aussage bequemt,
genügt dies Einverständnis, daß Ihr damit vorlieb nehmt.

ALCESTE
Doch wer beweist mir, ob im nämlichen Moment
Ihr nicht dasselbe einem anderen erklärt?

CELIMENE
Für einen Liebenden ist das ein schönes Kompliment
und ein beredtes Zeugnis über meinen Wert.
Damit ich diese Sorgen ein für allemal zerstreue,
sag ich mich jetzt von allen frühern Worten los;
so brecht Ihr künftig nur Euch selbst die Treue.
Seid Ihrs zufrieden?

ALCESTE
                    Ach, warum liebe ich Euch bloß!
Gewinne ich jemals mein Herz von Euch zurück,
dann danke ich dem Himmel für dies übergroße Glück!
Ich leugne nicht, schon alles habe ich versucht,
mich dieser schrecklichen Verstrickung zu entwinden.
Doch meine größten Mühen blieben bisher ohne Frucht,
und sicher lieb ich Euch zur Buße meiner Sünden.

CELIMENE
Tatsächlich, Eure Liebe hat nicht ihresgleichen.

ALCESTE
Ich weiß, daß es wie sie nicht eine zweite gibt.

Die kühnste Vorstellung wird ihre Tiefe nicht erreichen,
und niemals hat ein Mensch wie ich geliebt.
CELIMENE
Tatsächlich seid Ihr beispiellos im Ausdruck Eurer Glut.
Ihr liebt den andern nur, damit Ihr Eure Streitsucht stillt,
all Eure Sehnsucht zeigt sich einzig im Disput,
und nie gabs eine Liebe, die so gerne zankt und schilt.
ALCESTE
An Euch ists, meinem Gram ein Ende zu bereiten.
Beheben wir den Anlaß all der Zwistigkeiten.
Ein Wort aus offenem Herzen, und genug gestritten...

2. SZENE – CELIMENE, ALCESTE, BASQUE.

CELIMENE
Was ist?
BASQUE
                    Acaste ist unten.
CELIMENE   Gut. Ich lasse bitten.
ALCESTE
Herrje! Man hat Euch nie zu einem Tête-à-Tête.
Besucher laßt Ihr vor von früh bis spät,
und nie ringt Ihr Euch durch zu dem Bescheid,
daß Ihr auch einmal nicht zu sprechen seid.
CELIMENE
Wünscht Ihr mir Ungelegenheiten mit ihm an den Hals?
ALCESTE
Daß Ihr so auf ihn Rücksicht nehmt, verdrießt mich sehr.
CELIMENE
Ein Mann von seinem Schlag verzeiht es keinesfalls,
erfährt er je, daß seine Aufwartung mir lästig wär.
ALCESTE
Warum verursacht der Gedanke Euch so große Pein?

CELIMENE
Mein Gott! Bei seinesgleichen heißts gut angeschrieben sein.
Ich weiß nicht wie, doch solche Leute stehn inzwischen
bei Hof mit ihrer Meinung hoch in Gnaden.
Sie wissen sich in jede Unterhaltung einzumischen,
und wenn sie schon nicht nützen, können sie doch schaden.
Gleich, wer uns andernorts noch protegiert,
mit diesen Großmäulern darf man es nicht verderben.
ALCESTE
Was immer man ins Feld führt und woran man appelliert,
Ihr findet Vorwände dafür, daß alle Euch umwerben,
und das Kalkül, aus dem Ihr Euer Urteil fällt...

3. SZENE – BASQUE, ALCESTE, CELIMENE.

BASQUE
Jetzt ist Clitandre da, Madame.
ALCESTE
                                    Wie herbestellt!
CELIMENE
Wo eilt Ihr hin?
ALCESTE
                      Ich gehe.
CELIMENE
                              Bleibt!
ALCESTE
                                    Was soll ich hier?
CELIMENE
Bleibt da!
ALCESTE
                Ich kann es nicht.
CELIMENE
                                    Ich will es.

ALCESTE

                                     Nicht mit mir.
Die Plaudereien langweilen mich nur,
ich habe keine Lust auf diese unnütze Tortur.

CELIMENE
Ich will es, sage ich, ich will es.

ALCESTE

                           Nein, um alles in der Welt.

CELIMENE
Nun gut, dann geht und tut, was Euch gefällt.

4. SZENE – ELIANTE, PHILINTE, ACASTE, CLITANDRE,
ALCESTE, CELIMENE, BASQUE.

ELIANTE
In unserer Begleitung sind die zwei Marquis.
Hat mans Euch ausgerichtet?

CELIMENE

                     Ja, schafft Stühle her für sie.

Zu Alceste.
Noch hier?

ALCESTE

           Die eine Frage habt Ihr mir nicht abzulehnen:
Wem gilt nun Eure Zuneigung? Mir oder denen?

CELIMENE
Seid ruhig!

ALCESTE

         Farbe sollt Ihr heut bekennen.

CELIMENE
Ihr seid verrückt!

ALCESTE

           Die Dinge werdet Ihr beim Namen nennen.

CELIMENE
Ah.

ALCESTE
Ihr trefft die Wahl.

CELIMENE
                                    Ich seh, daß das ein Scherz sein soll.

ALCESTE
O nein! Erklärt Euch. Denn das Maß ist voll.

CLITANDRE
Parbleu! Ich komm vom Louvre, wo Cléonte sich beim Lever
heut morgen peinlicher benahm denn je.
Gibt es denn niemanden, um ihm in diesen Dingen
als Freund ein wenig Etikette beizubringen?

CELIMENE
Er gilt in der Gesellschaft als ein rechter Narr
und überall, wo er verkehrt, wirkt er bizarr;
sah man ihn eine Weile nicht und trifft ihn dann,
mutet sein Treiben noch viel sonderbarer an.

ACASTE
Parbleu, da gibts, weiß Gott, noch sonderbarere Gestalten;
ich hatte eben eine wahre Nervensäge auszuhalten:
Damon, den Schwätzer; seine Suada ließ mich unverfroren
vor meiner Sänfte eine Stunde in der Sonne schmoren.

CELIMENE
Er ist ein ganz spezieller Redner, der es fertigbringt,
rein gar nichts mitzuteilen in schier endlosen Tiraden;
umsonst sucht man nach einem roten Faden
in all dem wirren Lärm, der einem in die Ohren dringt.

ELIANTE
Das fängt ja nicht schlecht an, und gnadenlos
stellt man die Schwächen andrer Leute bloß.

CLITANDRE
Timante, Madame, ist ebenfalls ein Unikum.

CELIMENE
Der Mann gibt sich als wandelndes Mysterium.
Wenn er, der Müßiggänger, wirren Blicks vorüberläuft,

tut er stets so, als sei er von Geschäften überhäuft.
Jede Verlautbarung begleitet er mit wirrem Mienenspiel,
und seine Schrullen werden aller Welt zuviel:
Man spricht mit ihm, und plötzlich meldet er im Flüsterton
eine Geheimbotschaft, doch ein Geheimnis kommt nicht vor;
aus jeder Bagatelle macht er eine Sensation,
und selbst das »Guten Tag« sagt er dir noch ins Ohr.

ACASTE
Und was ist mit Géralde, Madame?

CELIMENE
                                   Ein Langweiler, wenn er erzählt.
Ein Mann, der nur die Prominenz zum Thema wählt,
denn auf den obern Rängen kennt er jeden,
und nur Prinzessin, Prinz und Herzogin führt er im Munde:
Pomp hats ihm angetan, und über nichts hört man ihn reden
als über Prunkkarossen, Pferde, Rassehunde.
Auf dem illustersten Parkett sagt er stets »Du« zu allen,
und die bescheidne Anrede »Monsieur« ist ihm entfallen.

CLITANDRE
Bélise und er sind eng zusammen, wie es heißt.

CELIMENE
O diese Frau! Eine Strapaze im Gespräch! Wie karg an Geist!
Jeder Besuch von ihr wird eine richtige Tortur.
Man plagt sich ständig ab: was sag ich nur?
Die Enge ihres Horizonts an Worten wie an Themen
bringt jede Unterhaltung nach dem ersten Satz ins Stocken.
Umsonst will man, um ihr nur ein paar Silben zu entlocken,
alle erdenklichen Gemeinplätze zu Hilfe nehmen.
Doch Sonnenschein und Regen, Kälte oder Hitze
sind gegenüber ihrer Dumpfheit wenig nütze.
Indessen lehnt sich ihre unerträgliche Visite
Stunde um Stunde ganz entsetzlich lang.
Man gähnt zehnmal, fragt »Wieviel Uhr ists bitte?«
jedoch der Abschied kommt ganz einfach nicht in Gang.

ACASTE
Was sagt Ihr zu Adraste?

CELIMENE
Ein Mann, der große Stücke auf sich hält!
Von Eigenliebe ist er bis zum Kamm geschwellt,
so daß er auch dem Hof aus tiefster Seele grollt,
weil man ihm nicht die rechte Anerkennung zollt.
Was immer auch vergeben wird an Pfründen, Ämtern, Posten,
stets glaubt er, es geschieht auf seine Kosten.

CLITANDRE
Und von Cléon, dem jungen Mann, bei dem man doch
höchst ehrenwerte Leute sieht, was ist da Euer Bild?

CELIMENE
Ich glaube, sein Verdienst besteht aus seinem Koch,
und seine Tafel ist es, der der Zuspruch gilt.

ELIANTE
Die größten Köstlichkeiten werden bei ihm auftragen.

CELIMENE
Würd er sich nur nicht auch noch selbst servieren!
Denn dieser Gang schlägt heftig auf den Magen;
er nimmt mir jede Lust, in seinem Hause zu dinieren.

PHILINTE
Man spricht sehr gut von seinem Onkel, von Damis.
Wie seht Ihr den?

CELIMENE
Als einen Freund, mit Sympathie.

PHILINTE
Ich glaub, er ist ein Ehrenmann und allgemein geachtet.

CELIMENE
Nur daß er meint, er hat die Weisheit ganz allein gepachtet.
In seinem Dünkel sagt er nichts mehr grad mal so,
sondern sucht immer nach dem passenden Bonmot.
Seit er sich für den unschlagbaren Kenner hält,
berührt ihn nichts mehr, weil ihn nichts zufriedenstellt.

Was Leute heute schreiben, kritisiert er scharf,
da man als Schöngeist nichts mehr loben darf;
o nein, es zeige Sachverstand, an allem etwas auszusetzen,
nur Sache von Banausen seien Gelächter und Applaus,
und wisse man die Werke seiner Zeit geringzuschätzen,
erweise man sich selbst als allen anderen voraus.
Über gewöhnliche Gespräche bricht er gleich den Stab,
zu derlei Niederungen steigt er nicht hinab;
von seines Geistes Höhe, mit gekreuzten Armen,
betrachtet er, was jeder sagt, mit wissendem Erbarmen.

ACASTE
Gerechter Gott! Sein Bildnis, wie er leibt und lebt!

CLITANDRE
Bewundernswert, wie genau Ihr alle Leute wiedergebt!

ALCESTE
Bravo, die Herrn vom Hof! So hat mans gern.
Ihr gebt es jedem, nichts und niemand ist tabu!
Doch zeigt sich einer der Geschmähten nur von fern,
stürmt Ihr in Windeseile auf ihn zu,
begrüßt ihn inbrünstig mit einem schmeichlerischen Kuß,
um Euch ergebenst als sein Diener anzubiedern.

CLITANDRE
Was grollt Ihr uns? Hört Ihr das, was wir reden, mit
                                                    [Verdruß,
dann solltet Ihr Madame etwas erwidern.

ALCESTE
O nein, es geht auf Euch. Weil Ihr beifällig lacht,
läßt sie sich gern zu diesen Spottreden herbei.
Ihr Hang zu lästern wird ja ständig angefacht
durch den bereitwilligen Ansporn Eurer Schmeichelei.
Sie wäre nicht darauf versessen, andre zu verhöhnen,
säh sie Euch nicht so emsig Beifall spenden;
man muß sich überall gegen die Schmeichler wenden:
sie sind dran schuld, daß Menschen ihren Lastern frönen.

PHILINTE
    Was müßt Ihr Euch für diese Leute derart engagieren?
    Was man an ihnen geißelt, würdet Ihr als erster kritisieren.
CELIMENE
    Wie hätte auch Monsieur sich nicht dagegen ausgesprochen?
    Wie könnte man verlangen, daß er mit uns eine
                                        [Meinung hegte?
    Muß er nicht überall auf jenen Starrsinn pochen,
    den ihm der Himmel in die Wiege legte?
    Die Meinung eines andern ist ihm so zuwider,
    daß er bei jeder Diskussion das Gegenteil verficht.
    Er denkt, es wirke wohl in aller Augen allzu bieder,
    wenn seine Meinung der von anderen entspricht.
    Der Stolz des Widerspruchs reizt ihn so sehr,
    daß er sogar gegen sich selbst zu Felde zieht;
    gegen die eigne Meinung setzt er sich zur Wehr,
    sobald er sie im Munde eines andern sieht.
ALCESTE
    Die Lacher sind für Euch, Madame, mehr braucht es nicht,
    drum fahrt nur fort in Eurem Spottgedicht.
PHILINTE
    Es ist auch wirklich wahr, daß Ihr mit Eurem
                                        [Temperament
    bei allem, was man sagen mag, gleich tobt,
    und daß der Mißmut, zu dem Ihr Euch selbst bekennt,
    es schlecht erträgt, daß jemand etwas tadelt oder lobt.
ALCESTE
    Weil ich, zum Teufel auch, die Menschen stets im
                                        [Unrecht seh,
    und ich mit Mißmut gegen sie nie falsch beraten war.
    Sie loben alles gleich über den grünen Klee,
    oder an gar nichts lassen sie ein gutes Haar.
CELIMENE
    Aber...

ALCESTE

       Madame, gings auch um Leben oder Sterben:
ich kann es nicht mit ansehn, wie Ihr Euch hier amüsiert.
Man legts drauf an, Euren Charakter zu verderben,
  indem man ihn zu seinen Schwächen auch noch provoziert.

CLITANDRE

Ich weiß es nicht; doch wenn ich offen spreche,
  entdeckt ich bei Madame bisher noch keine Schwäche.

ACASTE

Ich sehe Vorzüge und Tugenden an ihr zuhauf,
  doch Schwächen fielen mir bisher nicht auf.

ALCESTE

Doch mir sehr wohl; statt daß ich sie verhehle,
sieht sie mich drum bemüht, ihr jede anzukreiden.
Je mehr wir lieben, desto mehr heißts Schmeichelei

                  [vermeiden.
Die Unnachsichtigkeit zeigt uns die Liebe einer Seele.
Vertreiben würde ich an ihrer Stelle all die Schranzen,
die unentwegt nach meiner Pfeife tanzen
und die bei allen meinen Kapriolen
wie Automaten ständig Beifall johlen.

CELIMENE

Will sich ein Herz nach Eueren Prinzipien richten,
dann gilts für Liebende, auf Koseworte zu verzichten
und sich als erste Pflicht die Regel einzuschärfen,
  dem, den man liebt, Beleidigungen an den Kopf zu werfen.

ELIANTE

Die Liebe folgt im allgemeinen anderen Gesetzen:
Verliebte rühmen die, die ihre Wahl beehrt;
sie haben niemals etwas an ihr auszusetzen,
und ihnen scheint an der Geliebten alles liebenswert.
Die Fehler stellen sie als Vorzug hin,
der schöne Name macht die Schwäche wett.
Die Leichenblasse heißt für sie weiß wie Jasmin,

die Rabenschwarze nennen sie brünett.
Die Spindeldürre heißt grazil gestaltet,
die Korpulente nennt man voll entfaltet,
der Schmutzigen, die sich nicht richtig pflegt,
wird die Bezeichnung »wilde Schönheit« beigelegt.
Von einer Riesin heißts, daß sie an höhre Sphären grenz,
die Zwergin ist das Paradies in Quintessenz;
die Dünkelhafte zeigt ein fürstliches Geblüt,
die Listige hat Witz, die Dumme hat Gemüt,
die Schwatzhafte hat eine umgängliche Art,
während die Stumme züchtig Diskretion bewahrt.
So findet wirklich tiefe Leidenschaft
an der Geliebten auch die Mängel vorteilhaft.

ALCESTE
Ich aber sag…

CELIMENE
     Wir wollen das nicht weiter diskutieren
und lieber draußen ein paar Schritte promenieren.
Ihr geht schon, meine Herren?

CLITANDRE und ACASTE
        O nein, Madame, o nein.

ALCESTE
Ihr fürchtet es anscheinend sehr, sie ließen Euch allein.
Empfehlt Euch, meine Herren, wann Ihr wollt,
         [jedoch versteht,
daß ich es bin, der hier als letzter geht.

ACASTE
Wenn ich mich durch mein Hiersein nur nicht lästig seh,
ruft keine Pflicht mich heute von hier fort.

CLITANDRE
Komm ich nur pünktlich zum Petit Couché,
steh ich heut niemand anderem im Wort.

CELIMENE
Ich glaub, Ihr scherzt.

ALCESTE

                      Das kann ich gar nicht finden.
Wir werden sehn, ob Ihr mir sagt, ich soll verschwinden.

5. SZENE – BASQUE, ALCESTE, CELIMENE, ELIANTE, ACASTE,
PHILINTE, CLITANDRE.

BASQUE *zu Alceste*
Ein Mann ist da, Monsieur; er wünscht Euch etwas
                                    [mitzuteilen,
was äußerst dringlich ist, nach seinen Worten.
ALCESTE
Ich habe keinerlei Geschäfte, die so eilen.
BASQUE
Er trägt so eine Jacke mit plissierten Borten
und Goldbesatz darauf.
CELIMENE *zu Alceste*
                    Seht nach, was es da gibt.
Ansonsten laß ihn kommen…
ALCESTE *zum Beamten*
                        Mein Herr, sagt, was beliebt.
Kommt näher.

6. SZENE – EIN BEAMTER, ALCESTE, CELIMENE, ELIANTE,
ACASTE, PHILINTE, CLITANDRE.

DER BEAMTE
                 Nur zwei Worte hab ich Euch zu sagen.
ALCESTE
Sprecht laut, Monsieur, Ihr müßt Euch nicht genieren.
DER BEAMTE
Die Herren vom Marschallamt haben mir aufgetragen,
Euch umgehend zu ihnen zu zitieren,
Monsieur.

ALCESTE
        Wen? Mich?

DER BEAMTE
              Ja, Euch.

ALCESTE
                    Sagt Ihr mir, was der Anlaß ist?

PHILINTE
Es geht wohl um Orontes und Euren lächerlichen Zwist.

CELIMENE
Wie bitte?

PHILINTE
        Beide haben eben hier gestritten,
weil er Orontes Verse gnadenlos verriß,
und diesen Bruch sucht man wohl möglichst bald zu kitten.

ALCESTE
Ich gebe mich nicht her zu einem faulen Kompromiß.

PHILINTE
Ihr habt der Vorladung zu folgen; richtet Euch drauf ein...

ALCESTE
Zu welcher Einigung will man uns denn bewegen?
Wird mir das Urteil dieser Herren auferlegen,
die Verse gut zu finden, die uns jetzt entzwein?
Ich denk nicht dran, von meinem Standpunkt abzugehn:
Ich finde sie abscheulich.

PHILINTE
                    Könntet Ihr das milder sehn...

ALCESTE
Es bleibt für mich dabei: dieses Gedicht ist eine Infamie.

PHILINTE
Bewahrt bei der Verhandlung etwas mehr Diplomatie.
Nun kommt.

ALCESTE
            Ich gehe schon. Jedoch zu einem Sinneswandel
bewegt mich keiner.

PHILINTE

Zeigt Euch erst bei Eurem Ehrenhandel.

ALCESTE

Wird mir nicht eigens ein Befehl des Königs zugestellt,
die Verse gut zu finden, die man für so wichtig hält,
dann sag ich immer nur: dieses Sonett mißlang,
und der, der es verbrochen hat, verdient den Strang.
Zu Clitandre und Acaste, die beide lachen.
Zum Teufel, meine Herrn, so komisch, wie Ihr meint,
komm ich mir gar nicht vor.

CELIMENE

Doch jetzt erscheint
zu Eurer Vorladung.

ALCESTE

Madame, ich geh und werde wiederkehren,
um unsere Debatte dann zu klären.

3. AKT

1. SZENE – CLITANDRE, ACASTE.

CLITANDRE
Marquis, ich sehe, daß du sehr zufrieden mit dir bist;
an allem hast du Spaß, und nichts kann dich verdrießen.
So glaubst du wirklich, daß du nichts zu rosig siehst?
Hast du nur Grund zum Lachen und Genießen?
ACASTE
Mir fällt kein Anlaß ein, ich könnte noch so grübeln,
dem Schicksal irgend etwas zu verübeln.
Denn ich bin jung, reich, und das angesehene Geschlecht,
dem ich entstamme, trägt den Adelstitel sehr zu Recht;
aufgrund des Rangs, den diese Abkunft mir verleiht,
hab ich es zu den höchsten Ämtern nicht sehr weit.
Auch Tapferkeit, die ja für uns sehr wichtig ist,
wird – ohne daß ich prahle – nicht an mir vermißt,
und jüngst bestaunten alle, die mich kannten,
in mir den unerschrocknen Duellanten.
Ich habe Geist und auch genügend Urteilskraft,
um ohne Federfuchserei zu allem was zu meinen,
um bei Premieren – meine Leidenschaft –
als Kenner des Theaters zu erscheinen
und an den Stellen, die besonders imponieren,
den Chor der Ahs und Bravos anzuführen.
Mir eignen Grazie, Geschicklichkeit und Eleganz,
ein wohlgeformter Körper und ein blendendes Gebiß.
Daß ich mich gut zu kleiden weiß – das sag ich ohne
                                                    [Arroganz –,
darin ist mir die allgemeine Zustimmung gewiß.
Und außerdem bin ich ein äußerst angesehner Mann,
erfreue mich der Gunst der Frauen und des Königs
                                                    [Wertschätzung

45

und glaube, wer all dies von sich behaupten kann,
hat auf der ganzen Welt Grund zur Genugtuung.

CLITANDRE

Was schmachtest du, wenn du doch anderswo leicht siegst,
dann hier, wo du so schlecht im Rennen liegst?

ACASTE

Wer? Ich? Ich bin, zum Kuckuck, nicht dazu geschaffen,
die Kälte einer Schönen zu ertragen.
Ich überlaß es Tölpeln, hergelaufnen Laffen,
sich sklavisch um die unnahbare Frau zu plagen,
zu ihren Füßen jeder Laune treu zu frönen,
hilflos vor ihr zu knien und zu stöhnen
und in nie endendem Bemühen drum zu bangen,
ob sie die vorenthaltne Gunst nicht vielleicht doch erlangen.
Jedoch, Marquis, ein Mann mit meinen Gaben
liebt niemals auf Kredit und eigne Spesen.
Was immer Frauen uns zu bieten haben,
wir sind, Gott seis gedankt, nicht mindre Wesen,
und wenn sie auf ein Herz wie unseres verweisen können,
wär es nicht recht, es ihnen ganz umsonst zu gönnen;
und solls bei dem Geschäft mit gleichem Recht zugehn,
dann machen beide Seiten die Avancen.

CLITANDRE

Du glaubt also, Marquis, du hast hier gute Chancen?

ACASTE

Ich habe durchaus Grund, es so zu sehn.

CLITANDRE

O glaub mir, daß du damit auf dem Holzweg bist:
du schmeichelst dir und machst dir etwas vor.

ACASTE

Ich schmeichle mir, mach mir was vor, du sagst es,

[wie es ist.

CLITANDRE

Wie kommst du drauf, daß sie vor allen dich erkor?

ACASTE
  Ich schmeichle mir.
CLITANDRE   Und worauf stützt du deine Mutmaßungen?
ACASTE
  Ich mach mir etwas vor.
CLITANDRE
                  Hast du ein sichres Unterpfand errungen?
ACASTE
  Nur Illusionen, sag ich dir.
CLITANDRE   Weißt du von Célimène vielleicht,
  wer von uns wohl bei ihr sein Ziel erreicht?
ACASTE
  Nein, sie mißhandelt mich.
CLITANDRE
                  Gib Antwort, lasse dich nicht bitten.
ACASTE
  Ich werde abgespeist.
CLITANDRE   Komm, lassen wir die Witze:
  Was läßt dich glauben, du seist bei ihr wohlgelitten?
ACASTE
  Ich bin weit abgeschlagen, und du hältst die Spitze.
  Sie gönnt meiner Person nicht einen Blick,
  und übermorgen spätestens greif ich zum Strick.
CLITANDRE
  Damit wir uns nicht gegenseitig peinigen,
  würd ich mich gern in einer Sache mit dir einigen:
  Demjenigen, der eindeutig belegt,
  daß Célimène allein für ihn Gefühle hegt,
  dem überläßt der andere anstandslos den Platz,
  indem er ihn von seiner Nebenbuhlerschaft befreit!
ACASTE
  Weiß Gott, du sprichst mir aus der Seele mit dem Satz,
  zu dieser Übereinkunft bin ich gern bereit.
  Jetzt aber pst!

2. SZENE – CELIMENE, ACASTE, CLITANDRE.

CELIMENE
    Noch da?
CLITANDRE
            Die Liebe hält uns hier in ihrem Bann.
CELIMENE
    Ich hörte, eine Kutsche kam soeben draußen an.
    Wißt Ihr, wer vorfuhr?
CLITANDRE
            Nein.

3. SZENE – BASQUE, CELIMENE, ACASTE, CLITANDRE.

BASQUE
            Arsinoé ist hier,
    Madame, sie kommt herauf.
CELIMENE
            Was will denn diese Frau von mir?
BASQUE
    Eliante hat sich unten ihrer angenommen.
CELIMENE
    Was ihr bloß einfällt, einfach so hierherzukommen!
ACASTE
    Man spricht landauf landab von ihrer Sittenstrenge,
    und ihre Frömmigkeit...
CELIMENE
            Wenn ihr die Maskerade nur gelänge;
    ihr Herz ist völlig irdisch, und sie müht sich sehr,
    sich einen Mann zu angeln, ohne daß es ihr gelingt.
    Natürlich fällt der Blick ihr äußerst schwer
    auf Anbeter, auf die es eine andre bringt:
    als Mauerblümchen, um das jeder einen Bogen macht,

ist sie gegen die schnöde Umwelt aufgebracht,
und gern versteckt sie unterm Schleier frommer Lebensart,
was man bei ihr an trister Einsamkeit gewahrt;
nur um die Ehre ihrer kargen Reize hochzuhalten,
sieht sie die Macht, die ihnen fehlt, als Sünde an.
Doch über Anbeter wär sie nicht ungehalten,
und sogar von Alceste zeigt sie sich angetan,
so daß die Liebe, die er mir bekundet, sie sehr grämt.
Sie wirft mir vor, ich hätt ihn ihr gestohlen,
und ihre Eifersucht, die sie vor mir mit Mühe zähmt,
zeigt sie an andern Orten unverhohlen.
Ich kenne niemanden, der mir derart zuwider ist,
so unausstehlich wie die zeternde Megäre
kann...

4. SZENE – ARSINOE, CELIMENE.

CELIMENE
  Ah, welchem guten Stern verdank ich diese Ehre?
  Madame, ich hab Euch, ungelogen, schon vermißt.
ARSINOE
  Die Pflicht, Euch etwas mitzuteilen, ließ mich zu
                                      [Euch finden.
CELIMENE
  Mein Gott, wie ich mich freue, Euch zu sehen!
  Clitandre und Acaste lachend ab.
ARSINOE
  Die beiden konnten gar nicht pünktlicher verschwinden.
CELIMENE
  Wolln wir uns setzen?
ARSINOE
                      Ach, ich denk, wir können heute stehen,
  Madame. Die wahre Freundschaft zeigt sich immer dann,

wenn sichs um wirklich wesentliche Dinge handelt;
und da man wohl nichts wesentlicher nennen kann
als Sittlichkeit und ehrenhaften Lebenswandel,
bring ich Euch ein paar Hinweise in Anstandsdingen,
die Euch meine Verbundenheit zum Ausdruck bringen.
Jüngst war ich zu Besuch bei höchst integeren Personen,
bei denen irgendwann die Rede auf Euch kam,
und Eure Lebensart mit ihrem Hang zu Sensationen
fand man dort leider nicht sehr tugendsam.
Die Heerschar der Besucher, die bei Euch verkehrt,
Eure Gefallsucht samt all den Gerüchten, die sie nährt,
erfuhren eine äußerst heftige Kritik
und eine Strenge, die das Maß doch überstieg.
Wie Ihr Euch denken könnt, hab ich mich hinter
                                         [Euch gestellt
und führte viel zu Euerer Entschuldigung ins Feld;
ich habe Eure Absichten in Schutz genommen
und ließ nun wirklich nichts auf Eure Ehre kommen.
Doch wißt Ihr ja, daß es so manche Dinge gibt im Leben,
die zu rechtfertigen beim besten Willen nicht mehr glückt,
und schließlich sah ich mich gezwungen, zuzugeben,
daß Eure Lebensart Euch in bedenkliche Gesellschaft rückt,
daß man sie mehr und mehr mit Argwohn sieht
und daß sie überall Gerede auf sich zieht.
Wenn Ihr bloß wolltet, würden sich um Eure Sitten
nicht soviel üble Mutmaßungen ranken.
Nicht, daß ich glaube, Eure Tugend hat gelitten,
bewahr der Himmel mich vor dem Gedanken!
Jedoch man urteilt schnell, wenn etwas an die Sünde rührt,
drum reicht es nicht, wenn man für sich ein gutes Leben führt.
Madame, ich glaub, daß Euer Wesen zu verständig ist,
als daß Ihr diesen Wink nicht nützlich findet,
und daß Ihr ihn der Freundschaft zuzuschreiben wißt,
die mich in allen Anliegen mit Euch verbindet.

CELIMENE
Madame, ich weiß Euch dafür besten Dank,
und weit entfernt, den Hinweis übel aufzunehmen,
schieb ich mein Kontra gar nicht auf die lange Bank,
denn es besteht aus einem Hinweis zu denselben Themen;
und da ich sah, wie Ihr mir Eure Freundschaft zu
                              [erkennen gabt,
indem Ihr die Gerüchte nennt, die über mich kursieren,
folg nun auch ich dem Beispiel, das Ihr mir gegeben habt,
um Euch von dem, was man zu Euch erzählt, zu
                              [informieren.
Jüngst war ich gleichfalls irgendwo zu Gast
und machte die Bekanntschaft hoch ehrbarer Leute;
und bei der Diskussion, was wahre Frömmigkeit bedeute,
hat man sich auch mit Euerer Person befaßt.
Doch weckten Eure Frömmelei und Eure Prüderie
in jenem Kreis als schlechtes Beispiel wenig Sympathie:
Dieses Bemühn um ein asketisches Erscheinungsbild,
die ewige Litanei, die Zucht und Sitte gilt,
die zeternde Entsetzen bei dem leisesten Verdacht,
man hab beim arglosesten Wort an Schmutziges gedacht,
der hohe Sockel, auf den Ihr Euch selber stellt,
der mitleidsvolle Blick von oben auf die Welt,
Eure Moralpredigten und Euer bittrer Groll
auf alles, sei es noch so harmloser Natur,
erhielten, wenn ich offen reden soll,
Madame, bei allen eine höchst abfällige Zensur.
»Wozu«, so sagten sie, »die ganze Pietät
und ihre fromme Miene, spricht das übrige dem Hohn?
Keine Sekunde kommt sie zum Gebet zu spät,
doch schlägt sie ihre Leute und betrügt sie um den Lohn;
in jeder Kirche legt sie Andacht an den Tag,
doch trägt sie Rouge, weil sie noch schön erscheinen mag;
bei den Gemälden hängt sie Tücher vor die Akte,

jedoch im Fleisch liebt sie sehr wohl das Nackte.«
Natürlich stand ich gegen sie auf Eurer Seite,
Verleumdung seis, was man da über Euch verbreite,
doch pflichtete mir darin niemand bei.
Ihr Fazit war, daß es für Euch wohl besser sei,
wenn Ihr Euch weniger ums Tun der andern schert
und lieber vor der eigenen Haustür kehrt;
man solle erst sehr lange in den Spiegel schauen
und sich erst dann den andern was zu sagen trauen;
sich selbst als Vorbild hab man in die Waagschale zu werfen,
bevor man daran denkt, den andern Regeln einzuschärfen;
und ohnehin seis besser, sich dabei an die zu halten,
die kraft des Himmels eines solchen Amtes walten.
Madame, ich glaube, daß auch Euer Wesen zu verständig ist,
als daß Ihr diesen Wink nicht nützlich findet,
und daß Ihr ihn der Freundschaft zuzuschreiben wißt,
die mich in allen Anliegen mit Euch verbindet.

ARSINOE
Ich weiß, wer Tadel ausspricht, gilt als schwarzes Schaf,
doch war ich nicht gefaßt auf diesen Lohn,
Madame, und ich entnehme Eurem bittren Ton,
daß Euch mein aufrichtiger Wink empfindlich traf.

CELIMENE
Im Gegenteil, Madame, es wär nur klug,
sich regelmäßig einen solchen Hinweis zu erteilen:
so wüßte man durch den Verzicht auf jede Art Betrug
die Blindheit aller, was sie selbst betrifft, zu heilen,
und es liegt nur an Euch, so eifrig wie bisher
mit diesen Freundschaftsdiensten fortzufahren
und drauf zu achten, daß wir uns in unserem Verkehr
das, was wir von uns hören, gegenseitig offenbaren.

ARSINOE
Madame, von Euch kommt mir ja nichts zu Ohren;
mir vielmehr gilt der Tadel der Zensoren.

52

CELIMENE
　Madame, ich glaub, in allem steht uns Lob und Tadel frei,
　und jeder ist im Recht, je nach Geschmack und Jahren.
　Es gibt für alle eine Zeit zur Tändelei
　und eine andre, strenge Zucht zu wahren.
　Wohlüberlegt wird der Entschluß dazu gefaßt,
　sobald der frische Jugendglanz verblaßt:
　auf diese Weise läßt sich mancher Makel übertünchen.
　Ich sage nicht, ich werd Euch nie zu folgen wünschen,
　das Alter lehrt uns alles, und es wäre etwas früh,
　verschrieb man sich mit zwanzig schon der Prüderie.

ARSINOE
　Um einen kleine Vorteil macht Ihr großen Wind
　und pocht auf Eure Jugend als den großen Trumpf.
　Doch die paar Jahre, die wir älter sind,
　gewähren Euch wohl schwerlich Anlaß zum Triumph,
　und ich weiß nicht, warum Ihr Euch so angegriffen fühlt,
　Madame, und plötzlich Euer Mütchen an mir kühlt.

CELIMENE
　Und mir, Madame, ists genauso rätselhaft,
　warum Ihr mich bei allen an den Pranger stellt.
　Was fordert Ihr von mir für Eure Nöte Rechenschaft?
　Was kann ich für die Zuneigung, die man Euch vorenthält?
　Verlieben andre Menschen sich in mich
　und überschütten sie mich Tag für Tag
　mit Huldigungen, die mir Euer Herz mißgönnen mag,
　so bin ich dafür nicht verantwortlich,
　und ich gedenke nicht, Euch Steine in den Weg zu legen,
　wenn Ihr die Mittel findet, ihr Interesse zu erregen.

ARSINOE
　Ach, glaubt Ihr etwa, man empfinde Neid
　ob der Verehrer, deretwegen Ihr so übermütig seid,
　und man erriete nicht, um welchen Preis
　sie heutzutage eine Frau an sich zu binden weiß?

53

Wir sollen glauben bei dem allgemeinen Gang der Dinge,
daß Euer innrer Wert Euch alle die Bewerber bringe?
Daß sie zu Euch in ehrenhafter Liebe brennen
und Euch ob Eurer Tugendhaftigkeit die Tür einrennen?
Auf täuschende Fassaden fällt man nicht herein,
die Leute passen auf; wie viele mir bekannte Frauen
geben durchaus die sehnsüchtigsten Gefühle ein,
doch ohne einen Hofstaat aus Verehrern aufzubauen;
und daraus läßt sich zwingend schließen,
daß wir sie nicht gewinnen, ohne kräftig vorzuschießen,
nicht schöne Augen bringen sie dazu, uns nachzulaufen,
und jede Huldigung, die man erfährt, muß man erkaufen.
Drum schwelgt nicht länger in der Anmaßung
des Flitterglanzes billiger Eroberung
und steigt herab von dem Triumphpodest,
das Euch so stolz auf andere herabschaun läßt.
Säh man mit Neid auf Eurer Augen Siegeszug,
wärs leicht, daß man sich so verhielte wie die Masse,
sich auch an nichts mehr kehre und Euch sehen lasse:
wenn wir Verehrer wollten, hätten wir genug.

CELIMENE
Dann sucht sie doch, Madame, und zeigt, wer Euch erkor,
führt Eure lang geheimgehaltnen Reize vor,
und ohne…

ARSINOE   Bitte laßt uns von dem Thema Atem holen,
zu weit, fürcht ich, könnt es uns beide treiben;
ich hätte mich ja auch schon längst empfohlen,
zwäng mich nicht in meine Kutsche, noch zu bleiben.

CELIMENE
Ihr könnt solange, wie Ihr wollt, verweilen,
Madame, und müßt Euch wirklich nicht beeilen;
doch ich befreie Euch von meiner Gegenwart als Hausherrin,
und beßre Unterhaltung habe ich für Euch bereit,
denn wie gerufen kommen Monsieur hereingeschneit,

er wird Euch liebere Gesellschaft sein, als ich es bin.
Alceste, ich habe ein paar Briefe aufzusetzen,
die keinen Aufschub dulden, will ich Leute nicht verletzen;
leistet Madame Gesellschaft; sie will wohl so gütig sein,
mir diesen kleinen Faux Pas zu verzeihn.

5. SZENE – ALCESTE, ARSINOE.

ARSINOE
Ihr seht, sie möchte, daß wir uns Gesellschaft leisten,
um den Moment, bis meine Kutsche kommt, zu
                                    [überbrücken;
von allen Arten, mir hier ihr Willkommen auszudrücken,
schätz ich die Möglichkeit zu dem Gespräch mit
                                    [Euch am meisten.
Denn wirklich überragende Persönlichkeiten
erwecken in uns allen Liebe und Respekt,
und Eure zeigt so kostbare, verschwiegne Seiten,
daß alles, was Euch angeht, meine Anteilnahme weckt.
Ich wünschte, daß der Hof Euch durch ein
                                    [deutliches Signal
die Achtung zollte, die Eurem Verdienst gebührt;
denn Ihr habt Grund zur Klage; mich erzürnt es jedesmal,
wenn ich mitansehn muß, wie man Euch ignoriert.
ALCESTE
Wen? Mich, Madame? Mit welchem Recht kann ich
                                    [etwas verlangen?
Welch einen Dienst erwies ich denn dem Staat?
Und sagt mir, bitte sehr, welch eine Ruhmestat
mir Vorwürfe erlaubt, ich würde übergangen?
ARSINOE
Nicht jeder, dem die Gunst des Hofes winkt,
verdankt sein Glück den Leistungen, die er vollbringt;

man braucht erst die Gelegenheit und auch die Position,
und bei den offenbaren Qualitäten Euerer Person
muß doch...

ALCESTE

    Ach, meine Qualitäten laßt auf sich beruhn!
Warum soll denn der Hof nicht etwas übersehen dürfen?
Es gäb ja allzu viel für ihn zu tun,
hätt er dem inneren Wert der Leute nachzuschürfen.

ARSINOE

Besondrer Wert macht auf sich selber aufmerksam,
und Eurer wird an vielen Orten so hervorgehoben,
daß gestern gleich zweimal die Rede auf Euch kam,
und höchst gewichtige Personen hörte ich Euch loben.

ALCESTE

Madame, man singt ja jedem heut ein hohes Lied,
und unsre Zeit macht zwischen gar nichts einen Unterschied;
als äußerst wertvoll landet alles in demselben Topf,
und Lob ist keine Ehre bei der jetzigen Verbreitung;
man schwelgt in Hymnen, wirft sie jedem an den Kopf,
und selbst mein Kammerdiener steht schon in der Zeitung.

ARSINOE

Ich wünschte, damit Ihr Euch endlich besser zeigt,
Ihr würdet doch ein Amt bei Hof ins Auge fassen:
auch wenn es scheint, Ihr wärt der Sache abgeneigt,
manche Verbindung kann man für Euch spielen lassen;
ich hätte Leute an der Hand, die man für Euch verwendet,
so daß Ihr allenthalben Tür und Tor geöffnet fändet.

ALCESTE

Was habe ich, Madame, an einem solchen Ort verloren?
Mein ganzes Wesen untersagt mir dort den Aufenthalt.
Ich bin mit einem Naturell geboren,
das mit der Welt des Hofes hart zusammenprallt;
und alle Eigenschaften, die ich habe,
verwehren mir, in ihr je zu Erfolgen zu gelangen.

Freimut und Ehrlichkeit sind meine große Gabe,
nicht das Talent, mit Worten Menschen einzufangen;
kann man nicht eines denken und ein andres sagen,
darf man auf dem Parkett nicht Wurzel schlagen.
Zwar hat man außerhalb des Hofes nicht die Sicherheit
und all die Ehrentitel, die er heut verleiht;
doch mit den Vorteilen, die uns entgehen,
verliert man auch den Gram, als Popanz dazustehen,
und hundert Kränkungen ist man enthoben;
man braucht nicht die Gedichte des Herrn Hinz zu loben,
Frau Kunz nicht ihre Einzigartigkeiten aufzuzählen
und sich mit dem Geschwätz der Herrn Marquis

ARSINOE   [herumzuquälen.
Wir wollen dieses Thema Hof nicht weiter treiben;
jedoch als Liebender könnt Ihr nicht unbedauert bleiben,
und halte ich Euch meine Meinung nicht zurück,
so wünschte ich, Ihr hättet jemand Würdigern beehrt,
denn Ihr verdient ein edleres Geschick,
und die, die Euch umgarnt, ist Eurer gar nicht wert.

ALCESTE
Ist Euch bewußt, daß Ihr von einem Menschen sprecht,
den Ihr, Madame, als Freundin tituliert?

ARSINOE
Durchaus; doch mein Gewissen findet es nicht recht,
mit anzusehn, was für ein Tort Euch da passiert:
ich bin durch Euer Unglück allzu tief betrübt
und sage Euch: es wird Verrat an Euch verübt.

ALCESTE
Madame, Ihr zeigt mir wärmstes Mitgefühl,
und jeden Liebenden muß so ein Wort erquicken.

ARSINOE
Obwohl ich ihre Freundin bin: sie ist – das sag ich kühl –
nicht wert, das Herz ehrbarer Männer zu bestricken:
ihrs kann Euch nur erlogenes Gefühl entgegenbringen.

ALCESTE

Mag sein, Madame: ein Blick kann nicht in Herzen

[dringen;

doch Eure Nächstenliebe sollte es sich schenken,

das meine in so argwöhnische Richtungen zu lenken.

ARSINOE

Seid Ihr zum Anhören der Wahrheit nicht bereit,

so schweigt man lieber; das ist keine Schwierigkeit.

ALCESTE

Das nicht; jedoch bei allem, was man in dem Punkt erzählt,

ist es der Zweifel, der am meisten quält;

ich will, daß man mir nichts unter die Nase reibt,

wofür man dann Beweise schuldig bleibt.

ARSINOE

Wohlan! Genug geredet! Alles, was das Thema anbetrifft,

wird bald in voller Klarheit vor Euch ausgebreitet.

Ich will, daß Ihr die Sachlage mit eignen Augen prüft,

wenn Ihr mich nur zu mir nach Haus begleitet.

Die Untreue des Herzens Eurer Schönen

werd ich Euch dort mit sicheren Indizien belegen,

und läßt das Eure sich zu neuer Glut bewegen,

weiß man wohl Mittel, Euch mit Eurem Schicksal

[zu versöhnen.

4. Akt

1. Szene – Eliante, Philinte.

PHILINTE
  Nein, niemals sah man einen Menschen derart stur,
  und niemals wollte eine Einigung so schwer gelingen.
  Gleich, wie entgegenkommend man mit ihm verfuhr,
  ein Kompromiß war ihm nicht abzuringen,
  und über einen derart seltsamen Konflikt
  fällte das Marschallamt bisher wohl niemals ein Verdikt.
  »Nein«, sagte er, »von meinem Urteil lasse ich nicht los;
  in allem geb ich nach, nur nicht in dieser Kontroverse.
  Denn worüber erregt er sich, was will er bloß?
  Liegt seine Ehre denn im Schreiben irgendwelcher Verse?
  Warum fühlt er sich durch mein Urteil so vernichtet?
  Man kann ein guter Mensch sein, der schlecht dichtet,
  doch unsern Leumund tastet diese Tatsache nicht an.
  In allem halt ich ihn für einen Edelmann,
  für einen Mann von Stand, von Wert, von Mut,
  was man verlangt, jedoch als Autor für nicht gut.
  Ich lobe, wenn man will, sein Auftreten und seine Eleganz,
  seine Geschicklichkeit zu Pferd, im Fechten und beim Tanz,
  doch über seine Verse muß ich höflich schweigen:
  wenn einem auf dem Feld nichts Besseres gelingt,
  dann darf man sich zum Reimen nur versteigen,
  falls uns Gefahr für Leib und Leben dazu zwingt.«
  Der für den Gegner wohlmeinendste Kommentar,
  zu dem er letzten Endes zu bewegen war,
  bestand aus dem – in seine Augen schmeichelnden –
                                          [Bescheid:
  »Monsieur, daß ich so heikel bin, tut mir sehr leid,
  und Euch zuliebe wünsche ich aus tiefster Brust,
  ich hätte Eure Verse mehr zu würdigen gewußt.«

59

Mit einem Bruderkuß, den sie sich schließlich gaben,
ließ sie das hohe Haus den Handel rasch begraben.

ELIANTE
Er hat tatsächlich eine ganz besondre Sicht der Dinge,
doch genau das ists, warum ich ihm Respekt entgegenbringe,
und jene Ehrlichkeit, die er so heiß verficht,
scheint mir an ihm heroisch und sublim.
Es ist die Tugend, an ders unsrer Zeit gebricht,
und gern säh ich sie so bei allen wie bei ihm.

PHILINTE
Was mich verblüfft, je mehr ich ihn betrachte,
das ist, zu sehn, wie gerade er der Leidenschaft verfällt
und trotz der Wesensart, die er auf diese Weise mitbrachte,
sich unverdrossen zu den Liebenden gesellt,
und noch viel weniger kann ich es mir erklären,
daß just Eure Cousine sein Gefühl entzündet.

ELIANTE
Was uns beweist, daß liebendes Begehren
nicht immer in der Ähnlichkeit der Charaktere gründet
und daß die Theorien von den vorverwandten Seelen
in diesem Fall die Tatsachen verfehlen.

PHILINTE
Glaubt Ihr, sie liebt ihn, nach den äußern Zeichen?

ELIANTE
In diesem Punkt ists schwer, Gewißheit zu erreichen.
Ob sie ihn wirklich liebt, wie soll mans wissen?
Ihr Herz ist im Empfinden hin- und hergerissen;
es liebt manchmal und macht es sich nicht klar,
und manchmal glaubts zu lieben, und es ist nicht wahr.

PHILINTE
Ich fürchte, unserm Freund bereitet Eure Cousine
noch viel mehr Kümmernisse, als er denkt;
wenn ihm die Sache so wie mir erschiene,
dann hätt er seine Sehnsucht auf ein andres Ziel gelenkt;

er hätt in klügerem Entschluß die Hand gewählt,
die Eure Huld ihm so bereitwillig entgegenhält.

ELIANTE
Ich mach es da nicht kompliziert und mein,
in diesem Punkt gilts aufrichtig zu sein.
Seiner Verliebtheit stelle ich mich nicht entgegen,
im Gegenteil, an seinem Glück ist mir gelegen,
und hätte ich allein die Sache zu entscheiden,
dann säh man mich bemüht um einen Bund der beiden.
Doch sollte sich bei dieser Wahl – denn alles mag
                                    [geschehn –
sein Werben einem Hemmnis gegenübersehn,
gäb Célimène dem Antrag eines andern ihre Zustimmung,
dann sagte ich nicht nein zu seiner Huldigung,
und auch, daß eine andere ihn ablehnend beschied,
bewirkte für mein Jawort keinen Unterschied.

PHILINTE
Und ich, Madame, stelle mich meinerseits mitnichten
gegen die Gunst, die Eure Großmut ihm gewährt;
und wenn er will, kann er Euch selbst berichten,
welch eine Meinung er von mir zu diesem Thema hört.
Doch eint sie irgendwann ein eheliches Band,
so daß er als Bewerber andern weicht,
dann würde sich mein Herz bemühn um jene Hand,
die ihm das Eure jetzt so gütig reicht;
beglückt wär ich, wenn sie von ihm, der sich entwindet,
Madame, den Weg zu mir am Ende doch noch findet.

ELIANTE
Philinte, das ist nicht Euer Ernst.

PHILINTE
                                    O doch, Madame.
Ich sagte Euch kein Wort, das mir nicht aus der Seele kam;
ich hoff auf die Gelegenheit, daß ich es öffentlich bekunde,
und nichts sehn ich so sehr herbei wie jene Stunde.

2. SZENE – ALCESTE, ELIANTE, PHILINTE.

ALCESTE *leise*
Madame, schafft mir für eine Schmach Genugtuung,
die all mein Dulden, all mein Harren überbot.

ELIANTE
Was ist? Was bringt Euch so in Auflösung?

ALCESTE
Etwas, noch unvorstellbarer als selbst der Tod;
und alle losgelaßnen Elemente der Natur
entsetzten mich nicht so wie das, was ich erfuhr.
Vorbei... Die, die ich liebe... Ich verstumme ganz.

ELIANTE
Versucht, ob Ihr nicht Eure Fassung wiederfindet!

ALCESTE
O Himmel! Ist es möglich, daß so makelloser Glanz
sich mit der äußersten Verworfenheit verbindet!

ELIANTE
Doch sagt, was kann nur...

ALCESTE
                          Ah, alles ist hin!
ich bin... verraten bin ich und zerstört!
Ah, Célimène... Wie kann man glauben, was man hört?
Denn Célimène ist treulos und eine Verräterin.

ELIANTE
Gibts einen sicheren Beweis, auf den Ihr Euch beruft?

PHILINTE
Vielleicht ists nur ein vorschneller Verdacht,
und Ihr greift irgendetwas aus der Luft...

ALCESTE
Ah! Geht Ihr auf Eure eignen Angelegenheiten acht.
Zu Eliante.
Ich habe als Beweis für den Verrat
in meiner Tasche einen Brief, den sie geschrieben hat.

62

So ists, durch einen Brief, der an Oronte gerichtet war,
Madame, wurden die eigne Schmach und ihre
[Schuld mir offenbar:
Oronte, den sie nach außen hin stets von sich wies
und mich am wenigsten von allen Nebenbuhlern
[fürchten ließ!

PHILINTE
Ein Brief liest sich oft anders, als man ihn verfaßt,
und oft entpuppt er sich als harmloser, als man ihn nahm.

ALCESTE
Ein letztes Mal: ich wünsche, daß Ihr mich in Ruhe laßt,
Monsieur! Beschäftigt Euch mit Eurem eignen Kram!

ELIANTE
Besänftigt Euren Kummer; Eure Schmerzen kann...

ALCESTE
Madame, nehmt Ihr Euch dieses Werkes an;
bei Euch sucht meine Seele heute Halt,
um von der quälenden Verletzung zu genesen.
Rächt mich an einem treulosen, verräterischen Wesen,
das meine unerschütterliche Liebe so infam vergalt.
Rächt mich für den verabscheunswerten Schlag.

ELIANTE
Ich soll Euch rächen? Wie?

ALCESTE
Indem Ihr ja zu meinem Herzen sagt.
Madame, nehmt es an ihrer Stelle gnädig hin;
so weiß ich mich gerächt an der Verräterin:
bestrafen will ich sie durch meine aufrichtige Huldigung,
die tiefe Liebe, unermüdliche Ergebenheit,
den demutsvollen Dienst, die treue Zuwendung,
die Euch mein Herz fortan zum Opfer weiht.

ELIANTE
Ich sehe Euren Schmerz gewiß nicht mitleidlos,
und weiß das Herz zu schätzen, das Ihr mir zu Füßen legt;

indes ist das Vergehn vielleicht gar nicht so groß,
so daß Ihr nicht auf ewig solche Rachepläne hegt.
Wenn ein geliebtes Wesen uns verletzt,
dann plant man viel, was man nie in die Tat umsetzt:
man kann für einen Bruch die besten Gründe sehn,
ein Frevler, den man liebt, steht doch bald schuldlos da;
der Groll auf ihn wird sicher schnell vergehn,
und Wutausbrüche von Verliebten kennt man ja.

ALCESTE

Nein, nein, Madame, zu tödlich ist die Wunde, die ich trage,
es führt kein Weg zurück, ich trenne mich von ihr;
nichts wird mich dazu bringen, daß ich meinem Plan entsage,
und sollt ich sie je achten, dann bestraft ich mich dafür.
Sie kommt. Ich fühle doppelt Zorn in ihrem Angesicht;
ich gehe gnadenlos mit ihrer Untat ins Gericht,
beschäme sie zutiefst und bring dann Euren Händen
ein Herz, das ihre trügerischen Reize nicht mehr blenden.

3. SZENE – CELIMENE, ALCESTE.

ALCESTE *zur Seite*

Gerechter Gott! Wie halt ich meinen Zorn in Schach?

CELIMENE

Hu! Welch eine Unruhe ergriff von Euch Besitz,
was sagen diese laut hervorgstoßnen Oh und Ach
und dieser Aufruhr, der Euch aus den Augen blitzt?

ALCESTE

Daß jeder Greuel, den das Herz des Menschen faßt,
gegen die Schwärze Eurer Untreue verblaßt,
daß Himmel-, Höllen- und Dämonenwüten
es nicht vermögen, Euresgleichen auszubrüten.

CELIMENE

Wie schätz ich doch an Euch die Zärtlichkeit!

ALCESTE

Ah, lacht nicht, denn zu scherzen ist jetzt nicht die Zeit;
errötet vielmehr, Ihr habt allen Grund dazu,
und sichere Zeugen habe ich für Eure Perfidie.
Jetzt weiß ichs: darum ließ mir meine Seele keine Ruh;
aus diesem Grund vertraute ich Euch nie;
und jener Argwohn, den Ihr ungern hörtet,
erriet bereits das Unglück, das ich jetzt entdeck:
trotz der Verstellungskunst, mit der Ihr mich betörtet,
nahm meine Vorahnung das Unheil schon vorweg.
Doch glaubt nur nicht, daß ich mich ohne Rache
für Euch zum willfährigen Spielball mache.
Ich weiß, daß man Gefühle nie befiehlt,
daß Liebe stets in Freiheit ihren Ursprung nimmt,
daß man nie mit Gewalt in Herzen Einzug hielt,
daß jede Seele den, der sie erobert, selbst bestimmt.
So hätte ich zur Klage keinerlei Berechtigung,
hätte sich Euer Mund mir eindeutig erklärt.
Dann hätte sich mein Herz nach der Entmutigung
allein gegen das Schicksal selbst gekehrt.
Doch daß man meiner Werbung heuchlerisch
                                          [entgegenkam,
das ist derart verlogen und infam,
daß darauf nur die allerschlimmste Strafe paßt.
Nichts gibts, was meinem Wüten Einhalt tut,
macht Euch auf alles nach der Freveltat gefaßt,
denn ich gehöre nicht mehr mir, sondern allein der Wut;
durchbohrt vom Dolch, den Ihr mir in die Seele stoßt,
sind meine Sinne nicht mehr von Vernunft regiert,
ich bin bis in mein tiefstes Innere so erbost,
daß ich nicht sagen kann, was noch passiert.

CELIMENE

Was ist das für ein neuer, sonderbarer Tick?
Verlort Ihr etwa plötzlich den Verstand?

ALCESTE

O ja, verloren hab ich ihn, als ich in Eurem Blick
das Gift der tödlichen Verstrickung fand
und glaubte, ich entdecke ehrliches Gefühl
in den verräterischen Reizen, denen ich verfiel.

CELIMENE

Wie, glaubt Ihr, übte man an Euch Verrat?

ALCESTE

Wie gut versteht dies Herz sich auf die Lüge!
Jedoch die Mittel, es zu überführen, habe ich parat:
wendet den Blick hierher. Erkennt Ihr Eure Züge?
Dieses Billett hat man mir als Beweis entdeckt,
und Euch bleibt keine Ausflucht mehr vor diesem
                                        [Dokument.

CELIMENE

Und dieser Brief hat solchen Zorn in Euch erweckt?

ALCESTE

Müßt Ihr denn nicht erröten, da Ihr ihn erkennt?

CELIMENE

Was wär der Grund, der mich erröten heißt?

ALCESTE

Ihr seid nicht nur verlogen, sondern auch noch dreist!
Verleugnet Ihr ihn etwa, weil er unversiegelt blieb?

CELIMENE

Warum etwas verleugnen, was ich eigenhändig schrieb?

ALCESTE

Ihr seht ihn hier und schämt Euch nicht
der Untat, deren er Euch schuldig spricht?

CELIMENE

Ihr seid fürwahr ein Narr, wie er im Buche steht.

ALCESTE

Was! Dem Beweis wollt ihr Euch widersetzen?
Die Einladung, die darin an Oronte ergeht,
die muß Euch nicht beschämen? Muß mich nicht verletzen?

CELIMENE
Oronte? Wer sagt, daß ich den Brief an ihn geschrieben hab?
ALCESTE
Jene Person, die ihn mir heute übergab.
Doch selbst gesetzt, ein andrer sollte ihn empfangen,
wär das ein Grund, daß ich Euch minder böse bin?
Und hättet Ihr Euch darum weniger an mir vergangen?
CELIMENE
Doch gälte dieser Brief einer Empfängerin,
was ist dann das Vergehn, das Euch beleidigt?
ALCESTE
Ah, wie raffiniert Ihr Euch verteidigt!
Ich gebe zu, auf diesen Einfall war ich nicht gefaßt,
und er muß sicher bei mir Glauben finden.
Solch grobe Finten sinds, auf die Ihr Euch verlaßt,
und glaubt Ihr, Ihr bewegt Euch unter Blinden?
Nun gut, wir werden sehn, mit welchen Winkelzügen
Ihr Aussagen verteidigt, die so offenkundig lügen,
und mir als Adressaten eine Fau vorschiebt
bei einem Brief, der sich in jedem Wort so feurig gibt.
Wie übertüncht Ihr Euren Treuebruch? Erklärt mir doch
was ich Euch vorlese...
CELIMENE   Das fehlte noch!
Ich find es arg, wie Ihr Euch mit dem Brief betragt
und was Ihr mir so alles an den Kopf zu werfen wagt!
ALCESTE
Sagt mir nur ruhig, wie Ihr zu erklären wißt,
was hieran Kosenamen schwarz auf weiß zu lesen ist.
CELIMENE
Nein, gar nichts werd ich tun, ich lasse Euch gewähren
und werde mich an Eure Unterstellungen nicht scheren.
ALCESTE
Erklärt mir nur, mehr will ich nicht verlangen,
wie könnte eine Frau so ein Billett empfangen?

CELIMENE
    Nein, es ist für Oronte, glaubt das nur meinetwegen.
    Mir kommen seine Huldigungen sehr gelegen,
    ich staun ihn an, bewundre, was er von sich gibt,
    und sage ja zu allem, was Euch auch beliebt.
    Fällt Euer Urteil, macht vor keiner Unterstellung halt,
    wenn Ihr mir nur nicht länger auf die Nerven fallt.
ALCESTE *zur Seite*
    Wo hat man je so etwas Unbarmherziges erfunden?
    Wie kann man einem Herzen solchen Hohn bekunden?
    Himmel! Ich fühle gegen sie gerechten Zorn,
    ich habe Grund zur Klage, aber mich nimmt man aufs Korn!
    Man reizt mich unentwegt in meinem Argwohn,
                                        [meiner Pein,
    sagt ja zu jedem Vorwurf, scheint noch stolz darauf zu sein,
    und doch vermag ich mich nicht dazu aufzuraffen,
    mich meiner unwürdigen Knechtschaft zu entwinden;
    ich schmiede mir nicht durch Verachtung selbst die Waffen
    gegen die mitleidlosen Augen, die mich binden!
    Zu Célimène.
    O Treulose! Mit welch unfehlbarem Geschick
    treibt Ihr mit meiner Schwäche Euer Spiel!
    Wie gut nützt Ihr jenen verräterischen Blick,
    dem ich zu meinem Unglück einst verfiel!
    Verteidigt Euch gegen die Vorwürfe, die mich betrüben,
    und gebt nicht vor, Verrat an mir zu üben;
    laßt diesen Brief etwas ganz Unschuldiges meinen,
    und meine Sehnsucht wird mir unsre Aussöhnung erlauben;
    gebt Euch nur Mühe, unschuldig zu scheinen,
    dann gebe ich mir Mühe, Euch zu glauben.
CELIMENE
    Ihr seid verrückt in Eurer Eifersüchtelei
    und unwürdig, daß wir Gefühle für Euch hegen.
    Sagt mir, aus welchem Grund ließ ich mich Euretwegen

zu einer so entehrenden Komödie herbei?
Und sollte mir an einem andern wirklich soviel liegen,
warum glaubt Ihr, ich hätt Euch das verschwiegen?
Wie? Daß ich Euch meine Gefühle freimütig gestand,
nimmt mich vor Eurem Argwohn nicht in Schutz?
Ist Euch diese Erklärung denn kein sicherer Garant?
Und zieht nicht Euer Zweifel meine Ehre in den Schmutz?
Wo unser Herz sich doch schon maßlos überwindet,
wenn es den Mut zu dem Bekenntnis seiner Liebe findet,
weil die Gesetze des Geschlechts, feind jeglichem Begehren,
uns Frauen solche Eingeständnisse verwehren,
darf da der Mann, für den wir dieses Hemmnis übersprangen,
auch noch Beweise für ein solches Wort verlangen,
und macht er sich nicht schuldig, weil er nicht zu bauen wagt,
auf etwas, was man erst nach großen innern Kämpfen sagt?
Ach geht, ich sollt Euch zürnen über Eueren Verdacht,
und Ihr verdient die Mühe nicht, die man sich um
                                        [Euch macht;
ich bin ja dumm und meiner eignen Einfalt böse,
daß ich mich nicht entschieden von Euch löse.
Ich sollte meine Gunstbeweise andern geben
und gegen Euch mit Fug und Recht Klage erheben.

ALCESTE
Ah, Treulose, wie tief muß meine Schwäche für Euch sein!
Gewiß lullt Ihr mich mit den süßen Worten ein –
und dennoch: meinem Schicksal hab ich mich zu fügen;
auf Treu und Glauben geb ich mich Euch preis;
ich werde sehn, ob Euer Herz zu lieben weiß
und ob es so verworfen ist, mich wirklich zu betrügen.

CELIMENE
Ihr liebt mich nicht so, wie man lieben soll.

ALCESTE
Ah, niemand auf der Welt liebt so hingebungsvoll.
Mein Herz brennt so darauf, daß es sein Lieben allen zeigt,

daß es sich selbst zu Wünschen gegen Euch versteigt.
Ich wünsche mir, es fänd Euch niemand liebenswert,
daß Ihr dem tiefsten Elend preisgegeben wärt,
daß Euch der Himmel in der Wiege nichts vergönnte,
nicht hohen Stand, nicht Reichtum und nicht Adelsrechte,
damit das Opfer, das mein Herz Euch bringen möchte,
Euch alles, was das Los Euch vorenthielt, ersetzen könnte;
ich wünsch, ich dürfte die Genugtuung erfahren,
zu sehen, daß Euch meine Liebe alles gab.

CELIMENE

O, einen sonderbaren Segen fleht Ihr da auf mich herab.
Dies großmütige Opfer mag der Himmel Euch ersparen...
Hier kommt Monsieur Du Bois als etwas seltsame Figur.

4. SZENE – DU BOIS, CELIMENE, ALCESTE.

ALCESTE

Was soll die Aufregung und diese komische Montur?
Was ist?

DU BOIS

   Monsieur...

ALCESTE

      Nun was?

DU BOIS

         Da kenn sich einer aus!

ALCESTE

Was gibts?

DU BOIS

   Es steht nicht gut um unser Haus.

ALCESTE

Wie das?

DU BOIS

   Kann ich laut reden?

ALCESTE   Sprich nur ungeniert!

DU BOIS
  Ist da nicht jemand...

ALCESTE
                    Ah, warum so kompliziert!
  Wirds bald?

DU BOIS
              Monsieur, wir müssen flugs die Fahne streichen.

ALCESTE
  Warum?

DU BOIS
          Wir haben uns baldmöglichst fortzuschleichen.

ALCESTE
  Aber wieso?

DU BOIS
              Ich sage doch: wir müssen gehn.

ALCESTE
  Der Grund?

DU BOIS
              Wir müssen fort, und ohne ein Auf Wiedersehn.

ALCESTE
  Was für ein Anlaß läßt dich solche Reden führen?

DU BOIS
  Der Anlaß ist, Monsieur: wir müssen unser Bündel schnüren.

ALCESTE
  Du Tagedieb! Die Hand rutscht mir gleich aus,
  rückst du nicht endlich mit der Sprache raus.

DU BOIS
  Monsieur, ein Mann mit finsterm Rock und finstern Zügen
  ließ bei uns in der Küche einen Zettel liegen,
  doch an den Buchstaben, die drauf gekritzelt sind,
  sieht sich selbst der Leibhaftige die Augen blind.
  Es ist wohl was mit Euerem Prozeß gewesen,
  doch selbst der Satan könnte da nichts Genaues lesen.

ALCESTE
Und was hat dieser sonderbare Zettel dort
zu tun mit dem, daß du hier sagst: »Wir müssen fort«?
DU BOIS
Ich sag ja nur, Monsieur, knapp eine Stunde drauf
kam dann ein Mann, der oft bei Euch verkehrt,
und fragte sehr erregt, wo Ihr denn wärt,
und da er Euch nicht fand, trug er mir auf,
wohl wissend, daß ich Euch ein treuer Diener bin,
Euch auszurichten... Kommt mir gleich sein
ALCESTE   [Name in den Sinn?
Laß seinen Namen, sag, was er dich wissen ließ.
DU BOIS
Er ist ein Freund von Euch, ganz gleich, wie er jetzt hieß.
Er sagte mir, daß Ihr nicht länger bleiben dürft,
weil die Gefahr besteht, daß man Euch ins Gefängnis
                                              [wirft.
ALCESTE
Und weiter? Alles Nähere verschwieg er dir?
DU BOIS
Er bat mich nur um Tinte und Papier
und schrieb Euch einen Brief, der Euch zu guter Letzt
über die Einzelheiten genau in Kenntnis setzt.
ALCESTE
Dann her damit.
CELIMENE
                        Was dahinter wohl stecken mag?
ALCESTE
Ich weiß es nicht, doch gleich kommts an den Tag.
Hast du jetzt bald den Brief, du Galgenstrick?
DU BOIS *nachdem er lange gesucht hat*
Monsieur, ich ließ ihn wohl auf Eurem Tisch zurück.
ALCESTE
Ich weiß nicht, was...

72

CELIMENE
                    Bewahrt vor allem jetzt die Nerven
und eilt nach Hause, um die Sache zu entschärfen.
ALCESTE
    Um ein Gespräch mit Euch kann ich mich noch so plagen,
    fast scheints, als ob das Schicksal allem Mühen widersteht;
    jedoch, Madame, ich geb mich nicht geschlagen,
    wenn Ihr mich noch empfangt, bevor der Tag zu Ende geht.

5. AKT

1. SZENE – ALCESTE, PHILINTE.

ALCESTE
Es ist entschieden, sag ich, und zwar ein für allemal.
PHILINTE
Der Schlag ist schlimm, doch habt Ihr darum nur die Wahl…
ALCESTE
Nein, Ihr könnt noch so schöne Reden schwingen,
von meinem Plan vermögt Ihr mich nicht abzubringen.
Zuviel Gemeinheit herrscht in unsrer Zeit,
und vor den Menschen bring ich mich in Sicherheit.
Was! Jeglichem Anstand, Recht, Gesetz und Wert
hat mein Prozeßgegner den Krieg erklärt;
an meiner Sache, heißt es, sei nichts anzufechten;
ich bau darauf, daß die Gesetze mir den Sieg erbrächten;
doch das Ergebnis ist ein völlig anderes:
ich bin im Recht, und ich verliere den Prozeß.
Ein Schurke, dessen Vorgeschichte klar vor Augen liegt,
hat durch sein beispielloses Intrigantentum gesiegt!
Seine Verräterei gilt mehr als Treu und Glauben!
Ihm läßt man freie Hand, und alles darf er sich erlauben!
Sein Gaunerstück, das von Verlogenheiten strotzt,
hat die Justiz bestochen und der Billigkeit getrotzt!
Durch einen Richterspruch wird sein Komplott gekrönt;
doch dadurch bin ich ihm noch nicht genug verhöhnt:
Es zirkuliert zur Zeit ein fürchterliches Buch
– allein schon die Lektüre bringt in üblen Ruch –,
ein Machwerk, wie es schlimmer kaum eins gibt,
das mir der Schurke in die Schuhe schiebt!
Und darauf sieht man, wie Oronte sich erregt
und unverfroren in die gleiche Kerbe schlägt!

74

Er, der bei Hof als Mann von Ehre gilt,
zu dem ich mich nur aufrecht und loyal verhielt,
als er mich aufdringlich, obwohls mir nicht behagte,
nach meiner Meinung über seine Verse fragte!
Nur deswegen, weil ich ihm gegenüber ehrlich bin
und weder ihn noch die Wahrhaftigkeit verschacher,
stellt er mich jetzt als Übeltäter hin
und zeigt sich als mein ärgster Widersacher!
Nie wird sein Herz es mir vergeben,
daß ich das nicht goutiere, was er schreibt.
So ist die Art, in der die Menschen leben,
das sind die Großtaten, zu denen Eitelkeit sie treibt!
Von solcher Art sind Eure Tugend, Eure Ehrlichkeit,
so ist der Anstand, der bei Euch gedeiht.
Genügend Schmach und Unrecht habe ich erlitten,
ich rette mich vor diesem Dschungel, diesen Raubtiersitten!
Fallt Ihr übereinander nur wie Wölfe her,
mich jedenfalls seht Ihr Verräter nimmermehr.

PHILINTE
Ich finde Euren Plan ein wenig unbedacht;
der Schaden ist gar nicht so groß, wie Ihr ihn macht:
was Euer Gegner über Euch zusammenlügt,
hat nicht für Eure Festnahme genügt;
Ihr seht, wie seine Anzeige Glaubwürdigkeit verlor,
und dieser Schlag geht ihm wohl ins Kontor.

ALCESTE
Vor jeder Art Skandal schreckt er doch nicht zurück,
ihm läßt man freie Hand für jede Schurkerei,
und niemand dreht ihm daraus einen Strick,
im Gegenteil, er macht noch seinen Schnitt dabei.

PHILINTE
All die Gerüchte, die er über Euch verstreute,
verfehlten offensichtlich ihre Wirkung auf die Leute,
so daß Ihr von der Seite nichts befürchten müßtet.

Und wenn der Ausgang des Verfahrens Euch entrüstet,
dann strengt doch eine Neuverhandlung an
und laßt die Richter...

ALCESTE

                  Nein, ich halte mich daran.
Was immer ich durch den Entscheid erlitt,
ich geh dagegen nicht in Revision:
er zeigt zu gut, wie man das Recht mit Füßen tritt;
er soll bestehn für eine künftige Generation
als feierliches Mahnmal und als bittre Klage
über die Niedrigkeit der Menschen unsrer Tage.
Mit zwanzigtausend Francs muß ich dran glauben,
doch diese zwanzigtausend Francs werden es mir erlauben,
mich über die Verworfenheit der Menschen zu beschweren
und bis zum Jüngsten Tage Feindschaft gegen sie zu nähren.

PHILINTE

Doch so gesehn...

ALCESTE

          Doch so gesehn, ist Eure Müh vertan;
was führt Ihr mir, Monsieur, dagegen an?
Habt Ihr etwa die Stirn und sagt mir ungeniert,
Ihr findet nicht so schlimm, was heut passiert?

PHILINTE

O nein; in allem, was Ihr wollt, geh ich mit Euch konform:
Intrigenspiel und Eigennutz sind heut die Norm;
am weitesten bringt mans mit Hinterlist,
und diese Menschheit wäre besser anders, als sie ist;
rechtfertigt es indessen ihr Ungerechtigkeit,
uns einfach nicht mit mehr mit ihr abzugeben?
All ihre Schwächen bieten uns Gelegenheit,
im Alltag unsere Philosophie zu leben:
das ist die schönste Weise, wie man Tugend übt.
Denn wäre überall die Sittenreinheit ungetrübt,
wären die Herzen immer offen, rechtschaffen und ehrlich,

dann wären uns die meisten Tugenden entbehrlich.
So aber braucht man sie, um ohne Zagen
die Ungerechtigkeiten andrer zu ertragen;
und wie ein tugendhaftes Herz in einem jeden...

ALCESTE
Monsieur, ich weiß ja, Ihr versteht hervorragend zu reden,
und kluge Sprüche sind bei Euch nie Mangelware;
doch Ihr verschwendet Eure Zeit und Eure Kommentare.
Schon die Vernunft verbietet mir hier jeden Aufenthalt:
ich habe meine Zunge nicht genug in der Gewalt.
Bei allem, was ich sage, wär ich nie genügend auf der Hut,
und das ergäbe immer wieder böses Blut.
Ich will hier Célimène erwarten und nicht diskutieren:
den Vorschlag, den ich bringe, muß sie akzeptieren;
ich werde sehn, ob sie mich wirklich liebt,
und dies ist der Moment, der mir darüber Aufschluß gibt.

PHILINTE
Erwarten wir doch bei Eliante ihr Kommen.

ALCESTE
Nein nein, ich bin von meinen Sorgen zu sehr mitgenommen.
Sucht Ihr sie auf und laßt mich jetzt allein
mit meinem Gram in diesem düsteren Verschlag.

PHILINTE
Diese Gesellschaft scheint mir etwas trist zu sein;
ich frage Eliante, ob sie nicht doch herunterkommen mag.

2. SZENE – ORONTE, CELIMENE, ALCESTE.

ORONTE
Es ist an Euch, zu sehen, ob Ihr durch ein solches Band
Madame, Euch meiner ganz und gar versichern wollt.
Ich will für Eure Zuneigung ein sichres Unterpfand:
ein Liebender ist darin allem Hin und Her abhold.
Wann nur ein Funken meiner Glut in Eure Seele drang,

dann zögert nicht und laßt es mich erkennen.
Und der Beweis, den ich hiermit verlang,
ist die Bereitschaft, Euch jetzt von Alceste zu trennen,
sein Werben meiner Liebe preiszugeben
und ihm von heute an die Tür zu weisen.

CELIMENE

Was läßt Euch so die Stimme gegen ihn erheben?
Ich hörte Euch doch oft seine Verdienste preisen!

ORONTE

Madame, Auskunft zu diesem Punkt ist nicht erforderlich;
es geht nur darum, zu erfahren, wie Ihr fühlt;
ich bitte Euch, entscheidet Euch für ihn oder für mich;
ich treffe meine Wahl, sobald ich Euere erhielt.

ALCESTE *kommt aus der Kammer, in der er versteckt war*

Der Herr hat recht: trefft Eure Wahl, Madame.
Was er verlangt, das will auch ich erreichen;
es ist der gleiche Grund, warum ich kam.
Ich wünsche mir von Euch ein eindeutiges Zeichen.
Die Ungewißheit darf nicht länger währen,
und dies ist der Moment, sich endlich zu erklären.

ORONTE

Monsieur, ich bin in keiner Weise drauf erpicht,
in diesem Haus als Euer Nebenbuhler zu verweilen.

ALCESTE

Und ich, Monsieur, ob eifersüchtig oder nicht,
gedenke nicht, ihr Herz mit Euch zu teilen.

ORONTE

Wenn sie Euch tatsächlich den Vorzug gibt...

ALCESTE

Wenn sie Euch auch nur im geringsten liebt...

ORONTE

...dann schwöre ich, nie wieder einen Anspruch zu erheben.

ALCESTE

...dann schwöre ich, ich sehe sie nie mehr im Leben.

ORONTE
  Es ist an Euch: sprecht frei und ohne Zwang.
ALCESTE
  Ganz ohne Angst, Madame, könnt Ihr Euch jetzt
                              [entscheiden.
ORONTE
  Gebt uns nur zu verstehn, wer Eure Gunst errang.
ALCESTE
  Schafft uns nur Klarheit: wen erwählt Ihr von uns beiden?
ORONTE
  Wie das? Ihr scheint bei der Entscheidung hin- und
                              [hergerissen.
ALCESTE
  Wie? Bei dieser Wahl scheint Ihr im Ungewissen?
CELIMENE
  Mein Gott! Wie fehl am Platz ist dieses Drängen,
  von wenig Weisheit kündet das, was Ihr verlangt!
  Um meine Wahl zu treffen, brauch ich mich nicht
                              [anzustrengen,
  es stimmt nicht, daß mein Herz nur im geringsten
                              [schwankt:
  es ist nicht zwischen zweien in der Schwebe,
  und mir wäre es ein Leichtes, daß ich Auskunft gebe.
  Doch wenn ich ehrlich bin, kann ich es schwer ertragen,
  jemandem derlei Dinge offen ins Gesicht zu sagen.
  Ich finde, Worte, die den andern kränken,
  sagt man den Menschen niemals ins Gesicht;
  ein Herz kann über sein Empfinden Klarheit schenken,
  ohne daß es für jemanden Bestimmten eine Lanze bricht,
  und es gibt sanftre Mittel, einem Mann zu offenbaren,
  daß seine Hoffnungen wohl unbegründet waren.
ORONTE
  Nein, Offenheit hat nichts, was mich in Angst versetzt.
  Ich bin dazu bereit.

79

ALCESTE

Und ich verlang sie jetzt.
Ich fordre sie mit Pauken und Trompeten
und leiste gern Verzicht auf Euere Formalitäten.
Euch alle warmzuhalten, darin seid Ihr Meisterin,
doch diesmal reichts mit dem Taktieren und dem Zeit-
[gewinn:
jetzt werdet Ihr Euch klar entscheiden müssen;
verschmäht empfind ich mich, wenn Ihr Euch nicht
[zu äußern wagt.
Ich werde dieses Schweigen schon zu deuten wissen,
und alles, was ich glaube, unterstell ich als von Euch gesagt.

ORONTE

Nun, Euer Zorn, Monsieur, ist ganz in meinem Sinn,
weil ich ihr gegenüber genau derselben Meinung bin.

CELIMENE

Wie sehr Ihr mir mit dieser Laune lästig fallt!
Könnt Ihr denn Eure Forderung zu Recht erheben?
Erklärt ich Euch nicht meinen Vorbehalt?
Hier kommt Eliante. Sie soll uns dazu Auskunft geben.

3. SZENE – ELIANTE, PHILINTE, CELIMENE,
ORONTE, ALCESTE.

CELIMENE

Ich sehe mich, Cousine, hier in schrecklicher Verlegenheit
durch Leute, die sich gegen mich verbünden.
Beide verlangen mit der gleichen Hitzigkeit,
wem ich den Vorzug gebe, soll ich laut verkünden
und durch ein klares Wort von Angesicht zu Angesicht
einem von ihnen alles weitere Werben untersagen.
O sagt, ob das nicht allem Anstand widerspricht!

ELIANTE
  In diesem Punkt solltet Ihr mich nicht fragen,
  Ihr könntet dabei Euer Ziel verfehlen;
  Ich bin für Menschen, die ihre Gefühle nicht verhehlen.
ORONTE
  Was Ihr auch vorbringt, es wird Euch nichts nützen.
ALCESTE
  All Eure Ausflüchte wird niemand unterstützen.
ORONTE
  Erklären müßt Ihr Euch und Flagge zeigen.
ALCESTE
  Ihr braucht nur weiterhin zu schweigen.
ORONTE
  Ein Wort von Euch macht mit dem Hin- und
                                    [Hergerede Schluß.
ALCESTE
  Wenn Ihr nicht sprecht, dann weiß ich, was ich denken muß.

4. SZENE – ACASTE, CLITANDRE, ARSINOE, PHILINTE,
   ELIANTE, ORONTE, CELIMENE, ALCESTE.

ACASTE
  Madame, wir hätten gerne, wenn es Euch nicht stört,
  hier einen Sachverhalt mit Euch geklärt.
CLITANDRE *zu Oronte und zu Alceste*
  Sehr passend, meine Herren, seid Ihr hier zugegen,
  denn Euch ist an der Sache ebenfalls gelegen.
ARSINOE
  Madame, mich zu erwarten, lag Euch sicher fern,
  doch komm ich nur als die Begleitung dieser Herrn.
  Sie beide haben mir ein Unrecht aufgedeckt,
  das sie Euch vorwerfen und das ich Euch nicht
                                    [zuzutrauen wage.
  Für Euer Ehrgefühl empfinde ich zuviel Respekt,

als daß ich glaub, Ihr seid zu solchem Frevel in der Lage;
selbst bei den schlagendsten Beweisen blieb ich unbeirrt,
und wenn man unter Freunden auch schon einmal stritt,
kam ich gleichwohl gern mit den beiden Herren mit,
damit ich seh, wie dieser schändliche Verdacht zunichte wird.

ACASTE
Nun gut, Madame, sehn wir gelassen, ohne Aufregung,
was Ihr uns anzubieten habt zu Euerer Verteidigung.
Für Herrn Clitandre habt Ihr diesen Brief verfaßt.

CLITANDRE
Und dies Billett schriebt Ihr an Herrn Acaste.

ACASTE *zu Oronte und zu Alceste*
Nun, meine Herren, nicht unvertraut sind Euch die Züge,
und ich bin sicher, durch ihr mitteilsames Wesen
kennt Ihr die Handschrift von Madame wohl zur Genüge;
doch diesen Abschnitt lohnt in jedem Fall zu lesen.

»Ihr seid ein äußerst sonderbarer Mensch, daß Ihr mei-
nen Frohsinn verurteilt und mir vorwerft, ich sei am glück-
lichsten immer dann, wenn Ihr mir nicht Gesellschaft leistet.
Diese Vorhaltung ist denkbar ungerecht, und wenn Ihr nicht
bald kommt und mir dafür Abbitte leistet, dann werde ich
Euch mein Lebtag nicht vergeben. Unser langer Lulatsch, der
Vicomte...«
Er müßte anwesend sein.
»Unser langer Lulatsch, der Vicomte, mit dem Eure
Jeremiade anhebt, kann mir als Mann wohl kaum behagen,
und seit ich gesehen habe, wie er, um Ringe im Wasser zu
machen, eine Dreiviertelstunde lang in einen Brunnen ge-
spuckt hat, habe ich ihn nie besonders schätzen können. Was
den kleinen Marquis betrifft...«
Das bin, bescheiden seis gesagt, ich selbst.
»Was den kleinen Marquis betrifft, bei dem ich mich
gestern so lange einhängen durfte, so finde ich nichts so

unscheinbar wie seine Person, und sein ganzer Glanz besteht aus nichts als Seifenblasen. Der Mann mit den grünen Bändern...«

Zu Alceste.

Jetzt gehts auf Euch, Monsieur.

»Der Mann mit den grünen Bändern belustigt mich zuweilen mit seinen Schroffheiten und seiner barschen Griesgrämigkeit; doch es gibt zahllose Gelegenheiten, wo er mir tödlich auf die Nerven geht. Dem Mann im Wams schließlich...«

Zu Oronte.

Jetzt werdet Ihr bedacht.

»Dem Mann im Wams schließlich, der sich plötzlich zum Schöngeist berufen fühlt und aller Welt zum Trotz ein Dichter sein will, kann ich schon gar nicht mehr zuhören, und seine Prosa finde ich ebenso mühsam wie seine Verse. Schreibt Euch also hinter den Spiegel, daß ich mich nicht immer so gut amüsiere, wie Ihr glaubt, daß ich Euch bei allen Geselligkeiten, zu denen man mich mitschleppt, mehr vermisse, als mir lieb ist, und daß jedes schöne Erlebnis, das wir genießen dürfen, durch die Nähe geliebter Menschen erst seine Würze erhält.«

CLITANDRE

Nun komme ich.

»Euer Clitandre, auf den Ihr mich ansprecht und der so süßlich tut, ist der letzte Mensch, für den ich Freundschaft empfinden könnte. Er ist verstiegen genug, zu glauben, daß man ihn liebt, und Ihr seid es gleichfalls, indem Ihr glaubt, man liebe Euch nicht. Tauscht vernünftigerweise Eure Gefühle gegen seine und seht mich so oft Ihr könnt, um mir die Bürde seiner ewigen Besuche zu erleichtern...«

Ein wahrhaft edles Wesen offenbart sich da,
und wie man sowas nennt, Madame, das wißt Ihr ja?

Nun, es genügt, wir gehen, um in lebensechten Bildern
das Innre Eures Herzens überall zu schildern.

ACASTE

Viel könnte ich sagen, und es wär nicht ohne Pikanterie,
doch Ihr verdient es nicht, daß man sich über Euch erbost;
ich zeig Euch schon: so klein er ist, dieser Marquis
findet bei sehr viel vornehmeren Herzen Trost.

ORONTE

Wie! Solch ein gnadenloser Hohn wird mir zuteil
nach all den Briefen, die ich von Euch las;
Ihr macht Euch aus der Liebe einen Spaß
und bietet Euch reihum der ganzen Menschheit feil!
Gut, Euer Narr war ich die längste Zeit;
zum Glück zeigt Ihr mir, wie Ihr wirklich seid;
ich weiß das Herz zu nutzen, dem Ihr so Freiheit verschafft,
und dadurch, daß Ihr mich verliert, seid Ihr genug gestraft.
Zu Alceste.
Monsieur, ich werde Euer Glück nicht mehr gefährden,
und mit Madame könnt Ihr Euch handelseinig werden.

ARSINOE

Das ist doch tatsächlich ein unerhörter Streich,
und über sowas muß man sich empören.
Welch eine Perfidie kommt Eurer gleich?
Am Mißgeschick der andern will ich mich nicht stören;
aber Monsieur, den Euch ein guter Stern bescherte,
ein so besondrer, edler, hochverdienter Mann wie er,
der Euch nachgerade abgöttisch verehrte,
muß ausgerechnet er...

ALCESTE

                                    Madame, ich bitt Euch sehr,
Euch nicht um meine Angelegenheit zu sorgen
und mich mit Eurem Mitleid zu verschonen.
Ihr könnt mir noch so eifrig Eure Hilfe borgen,
mein Herz kann Euch die Anteilnahme doch nicht lohnen,

und all Euer Bemühn schlägt sicher nicht zu Buche,
wenn ich Genugtuung in andern Armen suche.

ARSINOE
Ha! Glaubt Ihr denn, man hege den Gedanken
und sei auf einen Bund mit Euch so sehr erpicht?
Ihr scheint mir arg an Eitelkeit zu kranken,
rückt Ihr Euch selbst derart ins Rampenlicht.
Was bei Madame vom Tisch herunterfällt,
ist schwerlich eine heiß begehrte Beute.
Macht Euch das klar und seid nicht gar so stolzgeschwellt:
statt Menschen meiner Art braucht Ihr ganz andere Leute;
Ihr tätet gut daran, auch weiterhin nach ihr zu schmachten,
und nur zu gern würd ich dies schöne Paar betrachten.
Sie zieht sich zurück.

ALCESTE *zu Célimène*
Bei allem, was ich sehen mußte, blieb ich bisher stumm,
daß alle vor mir redeten, hab ich ertragen.
Ist jetzt die Zeit der Selbstbeherrschung um
und darf ich...

CELIMENE
                    Ja, Ihr dürft mir alles sagen;
Ihr seid nur allzu sehr im Recht, wenn Ihr mir grollt,
wenn Ihr mir alles vorwerft, was Ihr wollt.
Ich gebe zu, ich hab gefehlt und bin zu tief beschämt,
um jetzt mit sinnlosen Entschuldigungen anzufangen.
Der Zorn der andern hat mich nicht gegrämt,
jedoch an Euch, bekenn ich, hab ich mich vergangen.
Eure Empörung ist nur zu begründet;
ich weiß, wie sehr Ihr mich in allem schuldig findet,
daß alles sagt, daß ich Euch treulos bin,
und daß Ihr allen Grund habt, mich zu hassen.
O tut es nur, Ihr seid im Recht.

ALCESTE
                    O kann ich es, Verräterin?

Kann ich so leicht von meiner Sehnsucht lassen?
Und wenn etwas in mir Euch zu verabscheuen begehrt,
find ich in meiner Brust ein Herz, das mir willfährt?
Zu Eliante und zu Philinte.
Bezeugen werdet Ihr, was unwürdige Leidenschaft vermag,
und beide aus der Nähe meine Schwäche sehn.
Doch sag ich Euch, noch kam nicht alles an den Tag,
und diesen Weg werd ich vor Euren Augen bis zu Ende gehn,
Euch zeigen, daß man uns zu Unrecht weise nennt
und stets in allem, was wir tun, das Menschenherz erkennt.
Zu Célimène.
Vergessen werde ich, was Eure Untreue verbrach,
all Eure Fehler seh ich Euch in meinem Herzen nach,
um sie allein der Schwäche zuzuschreiben,
zu der die Sitten unsrer Tage Eure Jugend treiben –
zeigt sich nur Euer Herz zu meinem Plan bereit,
den Umgang mit den Menschen endgültig zu fliehn
und ohne langes Zögern mitzuziehn
in meine selbstgewählte Abgeschiedenheit.
Auf diese Art löst Ihr Euch ein für allemal
vom Makel jener Briefe, die Ihr schriebt,
und schafft die Möglichkeit nach diesem
                    [scheußlichen Skandal,
daß Euch mein Herz auch noch in Zukunft liebt.

CELIMENE
Ihr wollt, ich soll der Welt entsagen
und meine Jugend in der Einöde zu Grabe tragen!

ALCESTE
Wenn Euer Herz das meine wirklich wählt,
was liegt Euch dann am Rest der Welt?
Genüge ich Euch nicht zu Eurem Glück?

CELIMENE
Mit zwanzig schreckt man vor der Einsamkeit zurück,
und meinem Herzen fehlt zuviel an Größe und an Kraft,

als daß es sich schon jetzt zu einem solchen Schritt aufrafft.
Wenn Eure Wünsche durch die Ehe in Erfüllung gingen,
vermöchte ich mich leicht zu der Verbindung
                                 [durchzuringen,
und eine Hochzeit...
ALCESTE
                  Nein, denn ich verabscheue Euch jetzt,
und diese Weigerung hat mehr als alles andere bewirkt.
Da Ihr in unserm Bund nicht alles daran setzt,
daß – wie die Eure mir – Euch meine Nähe alles birgt,
sag ich jetzt Nein zu Euch, und diese Unentschiedenheit
hat mich für alle Zeit von meinem unwürdigen Joch befreit.
Célimène zieht sich zurück, und Alceste spricht zu Eliante.
Madame, ich sehe Euch durch hundert Tugenden
                                   [geschmückt,
nur Lauterkeit hab ich an Euch erfahren;
schon immer hab ich zu Euch aufgeblickt;
laßt mich Euch diese Wertschätzung bewahren
und duldet, daß ich Euch in meinen Kümmernissen
jetzt nicht als Trösterin zu Hilfe ruf;
ich fühl mich Eurer unwürdig und fange an zu wissen,
daß mich der Himmel für ein solches Band nicht schuf;
zu niedrig wär die Huldigung von einem Mann,
der eine Unwürdigere umwarb und nicht gewann;
und schließlich...
ELIANTE
                  Folgt Ihr Euren Plänen unbeirrt;
jemandem meine Hand zu reichen, bin ich nicht verlegen;
hier seh ich Euren Freund, der sich nicht bitten lassen wird,
und trüg ich sie ihm an, nähm er sie gern entgegen.
PHILINTE
Ah, eine solche Ehre gilt mir als das höchste Gut,
Madame, sie zu erringen gäbe ich mein Leben und mein
                                   [Blut.

ALCESTE

O könntet Ihr, um wahre Freude zu erfahren,
einander treu diese Empfindungen bewahren.
Verraten überall, dem Unrecht preisgegeben,
verlaß ich diesen Abgrund, wo das Laster siegt,
und suche auf der Erde einen Ort, der so verborgen liegt,
daß es mir freisteht, dort als Ehrenmann zu leben.

PHILINTE

Kommt rasch und wendet mit mir jedes Mittel an,
damit er doch noch Abstand nimmt von seinem Plan.

Der Tartuffe

PERSONEN

MADAME PERNELLE, Mutter von Orgon
ORGON, Ehemann von Elmire
ELMIRE, Frau von Orgon
DAMIS, Sohn von Orgon
MARIANE, Tochter von Orgon und Valères Liebste
VALERE, Marianes Liebster
CLEANTE, Schwager von Orgon
TARTUFFE, ein falscher Frömmler
DORINE, Zofe von Mariane
MONSIEUR LOYAL, Gerichtsvollzieher
EIN POLIZEIOFFIZIER
FLIPOTE, Dienstmädchen von Madame Pernelle

Schauplatz der Handlung ist Paris.

ERSTER AKT

1. SZENE – MADAME PERNELLE, ihre Dienerin FLIPOTE,
ELMIRE, MARIANE, DORINE, DAMIS, CLEANTE.

MADAME PERNELLE
Komm rasch, Flipote, daß man sich ja von diesem
ELMIRE   [Haushalt trennt.
Man kommt Euch ja kaum nach, so wie Ihr rennt!
MADAME PERNELLE
Laßt, Schwiegertochter, bleibt nur, wo Ihr seid.
Ich lege keinen Wert auf derlei Förmlichkeit.
ELMIRE
Was wir Euch schuldig sind, das wird von uns getan.
Warum habt Ihrs so eilig, Mutter, fortzukommen?
MADAME PERNELLE
Weil ich dies ganze Treiben nicht mit ansehn kann;
Rücksicht auf meine Wünsche wird ja nicht genommen.
Ich gehe wirklich nicht erbaut hier fort:
auf alles, was ich predige, gibt man mir Widerwort,
nichts findet Achtung, jeder redet laut daher,
ein Lärm, als ob man auf dem Jahrmarkt wär.
DORINE
Aber…
MADAME PERNELLE
        Mamsell, Ihr seid für eine Angestellte
mit Eurem unverschämten Mundwerk gar zu dreist,
als ob in allem Eure Meinung etwas gälte.
DAMIS
Doch…
MADAME PERNELLE
        Ihr, mein Sohn, seid, kurz und knapp, das, was man
                                          [Trottel heißt,

als Eure Großmutter sag ichs Euch ungeschminkt;
und Euren Vater, meinen Sohn, hab ich schon oft gewarnt,
daß Ihr Euch mehr und mehr als Taugenichts enttarnt
und ihm gewiß in Zukunft nichts als Kummer bringt.

MARIANE
Ich glaub...

MADAME PERNELLE
　　　　　Mein Gott, Ihr, seine Schwester, tut so rein,
Ihr knickt kein Gräslein, geht man nach dem Augenschein.
Doch unter stillem Wasser steckt oft viel Morast,
und wie Ihrs im verborgnen treibt, ist mir verhaßt.

ELMIRE
Doch, Mutter...

MADAME PERNELLE
　　　　　Schwiegertochter, auch wenn es Euch
　　　　　　　　　　　　　　　　　[widerstrebt:
ich finde Eure ganze Art zu leben grundverkehrt.
Erwartet hätte ich, daß Ihr ein gutes Beispiel gebt
wie Ihre Mutter selig, das war eine Frau von Wert.
Ihr seid nicht eben sparsam; und ich bin pikiert,
daß Ihr Euch wie eine Prinzessin ausstaffiert.
Wer nur dem eignen Mann gefallen will,
der, Schwiegertochter, hält auf solchem Putz nicht viel.

CLEANTE
Aber Madame...

MADAME PERNELLE
　　　　　Was es mit Euch, ihrem Herrn Bruder, auf
Euch kann ich achten, lieben, ja verehren.　　　[sich hat:
Doch wäre ich ihr Mann an meines Sohnes Statt,
ich bäte Euch, in diesem Haus nicht zu verkehren.
Ihr predigt hier in einem fort Maximen,
die sich für anständige Menschen nicht geziemen.
Ich sags nicht durch die Blume, doch so ist meine Natur:
wenn ich was auf dem Herzen habe, rede ich Fraktur.

DAMIS
Nur Euer Herr Tartuffe kommt nicht in den Genuß...

MADAME PERNELLE
Er ist ein Ehrenmann, auf den man hören muß,
und jedesmal bin ich von Zorn gepackt,
wenn ihn ein Narr wie Ihr zu tadeln wagt.

DAMIS
Was? Ich soll dulden, daß ein Heuchler, der den Zensor spielt,
in unserm Haus wie ein Despot befiehlt,
daß es für uns hier keinen Spaß mehr gibt,
wenns jenem werten Herrn da nicht beliebt?

DORINE
Ging es nach ihm und gälte seine Lehre,
dann gäb es nichts, was kein Verbrechen wäre;
auf alles paßt er auf und sitzt er zu Gericht.

MADAME PERNELLE
Worauf er aufpaßt, ist, daß keiner sich verirrt:
er zeigt Euch nur den Weg, auf dem man selig wird.
Wie man ihn lieben soll, da gibt mein Sohn Euch Unterricht.

DAMIS
Eins müßt Ihr wissen, Mutter, ich empfinde nie
– auch nicht für meinen Vater – zu dem Menschen
                                                  [Sympathie.
Wenn ich es anders sagte, wär es Selbstverrat.
Wie er sich ständig aufführt, läßt mich explodieren;
ich sehe schon voraus, mit diesem Schrat
wird noch ein saftiger Skandal passieren.

DORINE
Es ist auch wirklich Grund, sich zu empören,
daß hier ein Fremder tut, als würde ihm das Haus gehören;
daß hier ein Strolch, der, als er ankam, barfuß ging,
in einem Anzug, an dem nicht ein Knopf mehr hing,
es soweit bringt, daß er den Maßstab ganz verliert,
sich mit uns allen anlegt und als Herr geriert.

MADAME PERNELLE
Herrgott im Himmel, wieviel besser wär die Welt,
wenn es so ginge, wies dem frommen Mann gefällt.
DORINE
Er ist ein Heiliger in Eurer Phantasie,
doch glaubt mir, Heuchelei ist alles, was er tut.
MADAME PERNELLE
Seht dieses Mundwerk!
DORINE
Ohne sichre Garantie
wär ich vor ihm und dem Laurent sehr auf der Hut.
MADAME PERNELLE
Wie es im Grunde um den Diener steht, geht mich nichts an,
jedoch der Herr, da bürg ich, ist ein Ehrenmann.
Ich weiß, warum sein Hiersein Euch so stört:
weil Ihr aus seinem Munde über Euch die Wahrheit hört.
Doch nur die Sünde läßt sein Herz nicht ruhn,
ihm ist es um das Seelenheil zu tun.
DORINE
Doch warum kann, besonders in den letzten Tagen,
er hier im Hause keinen Gast ertragen?
Was kann der Himmel ehrbarer Besuch beirren,
daß er Geschrei erhebt, daß uns die Ohren schwirren?
Soll ich Euchs sagen: sehe ich die Sache richtig,
dann ist er auf Madame tatsächlich eifersüchtig!
MADAME PERNELLE
Seid still und überlegt, was Ihr so sagt!
Er ist es nicht allein, der über die Besuche klagt.
All dieses Hin und Her der Leute, die Ihr ständig seht,
die Reihe der Karossen, die vor unsrer Türe steht,
die schnatternde Versammlung der Lakaien überall
erregen in der ganzen Nachbarschaft Skandal.
Ich will gern glauben, daß im Grunde nichts geschieht;
jedoch es wird geklatscht, und das ist unsolid.

CLEANTE

Madame, wollt Ihr die Schwätzer schweigen heißen?
Dann gäb es ja im Leben viel Verdruß,
wenn man mit seinen besten Freunden brechen muß,
weil andre sich vielleicht den Mund zerreißen.
Und selbst gesetzt den Fall, man täte sich Gewalt,
glaubt Ihr, Ihr könnt der ganzen Welt den Maulkorb geben?
Verleumdung macht vor keiner Mauer halt.
Wollen die Dummen klatschen, sollen sie es eben!
Uns laßt in aller Unschuld unser Leben führen
und das Geschwätz nach Herzenslust im Trüben rühren.

DORINE

Sinds nicht Nachbarin Daphne und der Zwerg, ihr Mann,
die gegen uns die böse Zunge wetzen?
Die, deren Treiben man am ehesten belachen kann,
sind stets die ersten, gegen andere zu hetzen.
Wenn sich nur irgendwo die leiseste Verliebtheit regt,
unweigerlich wird sie von ihnen gleich entdeckt
und im Triumph die Nachricht kolportiert
in der Version, die ihren scheelen Blicken konveniert.
Sie möchten durch das Tun der andern, wie s i e s schildern,
den Anstoß ihres eignen Treibens mildern
und in der Hoffnung, daß die Dinge sich sehr gleichen,
den Schein der Unschuld für ihr Ränkespiel erreichen,
um ein paar Pfeile umzulenken von den vielen,
mit denen öffentlich die Tadler auf sie zielen.

MADAME PERNELLE

All dieses Klügeln ändert nichts am Tatbestand.
Orantes vorbildliches Leben ist bekannt.
Ihr Streben gilt dem Himmel; und ich weiß von Dritten:
was hier im Haus verkehrt, sagt sie, hat keine Sitten.

DORINE

Das Beispiel ist grandios, und diese Dame gottergeben.
Denn in der Tat, sie führt ein sittenstrenges Leben.

Doch ihren Glaubenseifer hat das Alter erst entflammt;
man weiß, daß die Askese nicht aus freiem Willen stammt.
Solang sie wußte, daß die Herzen nach ihr schmachten,
sah man sie ihre Reize nicht verachten.
Doch kaum, daß ihrer Augen Glanz nicht länger blendet,
entsagt sie jener Welt, die sich jetzt von ihr wendet,
und mit dem hehren Schleier abgeklärter Tugend
verhüllt sie keusch die welke Blüte ihrer Jugend.
So werden die Kokettesten plötzlich zu Frommen:
es trifft sie hart, daß die Verehrer nicht mehr kommen.
Verlassen greifen sie in ihrer Seelenpein
als letztes Mittel zum Beruf der Tugendsamen,
und unerbittlich finden diese hochachtbaren Damen
an allem nur zu mäkeln und für niemanden Verzeihn:
laut tadeln sie das Leben aller Welt,
doch nicht aus Nächstenliebe, nein, weil Neid sie quält,
daß irgend eine andre jene Lust erfährt,
nach der ihr Alter sich umsonst verzehrt.

MADAME PERNELLE

Das sind die Ammenmärchen, die Euch so behagen!
Hier, Schwiegertochter, kommt man nie zu Wort,
Madame schwatzt wie ein Wasserfall in einem fort;
jetzt aber will ich auch ein Wörtchen sagen.
Es ist das Beste, mein ich, was mein Sohn vollbrachte,
daß er den frommen Mann zum Hausgenossen machte.
Der Himmel hat ihn uns im rechten Augenblick gesandt:
er bringt Euch alle endlich wieder zu Verstand.
Was er Euch lehrt, gereicht zu Eurem Besten;
und wenn er etwas tadelt, irrt er nie.
Bei all diesen Besuchen, Plaudereien und Festen
ist stets der Satan mit von der Partie.
Dort hört man niemals einen andächtigen Satz,
nur Narretei, Gesang und müßiges Geschwatz:
über die anderen zerreißt man sich den Mund,

reihum geht über jeden das Gehechel rund.
Wer bei Verstand ist, wird im Kopf ganz wirr
von diesem Durcheinander und Geschwirr.
Im Nu sind tausend Dinge durch das Sieb passiert,
und – so hat es ein Pater neulich formuliert –
Zustände herrschen wie in Babylon,
weil jeder sich im Blabla übt wie Gott zum Hohn;
kurzum, was jener Gottesmann beklagt...
Sie zeigt auf Cléante.
Der Herr da findet das wohl lächerlich?
Sucht andre Narren zur Belustigung, nicht mich,
und... Lebt wohl, Schwiegertochter, meins hab ich gesagt.
Ich hielt dies für ein anständiges Haus –
man lernt dazu. Sucht Euch fürs erste andre Gäste aus.
Sie gibt Flipote eine Ohrfeige.
He, Ihr, was starrt Ihr Löcher in die Luft!
Jetzt hört Ihr wenigstens, wenn man Euch ruft.
Los, Schlampe, auf.

2. SZENE – CLEANTE, DORINE.

CLEANTE
    Zur Tür geht bitte ohne mich;
ich fürchte, sie wird dort noch weiterzanken.
Die gute alte Frau...
DORINE
    O, es ist nur bedauerlich,
daß sie nicht selber hört, wie Ihr sie nennt.
Sie würde sich bei Euch schon sehr bedanken,
weil sie in ihren Jahren das Wort »alt« nicht kennt.
CLEANTE
Wie wegen nichts und wieder nichts sie mit uns schilt;
nur für Tartuffe allein ist sie mit Lob nicht karg!

DORINE

Verglichen mit dem Sohn ist das noch mild.
Seht Ihr erst hin, dann sagt ihr: jetzt wirds arg!
Als Not im Land war, zeigte er sich sehr besonnen,
und seinem König diente er mit großem Mut.
Doch alle Klugheit scheint zu nichts zerronnen,
seit er Tartuffe zur Richtschnur nimmt für alles, was er tut.
Er nennt ihn Bruder, hält ihn hundertmal so teuer
wie Mutter, Tochter, Sohn und seine eigne Frau.
In seinem Leben führt jetzt er das Steuer,
und ihm erzählt er sein Geheimstes haargenau.
Er hätschelt ihn, hält ihn im Arm, und wenns Verliebte wären,
könnt er ihn auch nicht zärtlicher umhegen.
Bei Tisch muß immer er den Ehrenplatz belegen,
und freudig sieht er ihn ein Mahl für sechs verzehren;
immer sind ihm die Leckerbissen vorbehalten,
und wenn er rülpst, heißts: »Gott laßt walten!«
Es spricht eine Dienerin.
Er ist vernarrt in ihn, sein Vorbild ohnegleichen,
bestaunt ihn stets, zitiert ihn uns ununterbrochen;
was er auch tut, für ihn ist es ein Wunderzeichen,
und was er sagt, hat ein Orakel ausgesprochen.
Er, der sein Opfer kennt und weiß, wie er es rupfen kann,
versteht es, ihn mit frommen Posen zu verblenden;
sein Heuchlertum zieht Geld aus ihm an allen Enden
und maßt sich über jeden hier ein Urteil an.
Sogar der Laffe, den er sich als Burschen hält,
zieht dreist bei uns für die Moral zu Feld.
Er predigt augenrollend gegen unsere Laster
und nimmt uns Bänder, Rouge und Schönheitspflaster.
Der Schuft entriß uns jüngst ein Taschentuch,
denn er entdeckte es zuvor in einem Andachtsbuch;
wir hätten, so erklärte er das furchtbare Delikt,
Hochheiliges mit eitlem Teufelsputz verquickt.

3. SZENE – ELMIRE, MARIANE, DAMIS, CLEANTE, DORINE.

ELMIRE
Ihr hattet Glück, Ihr mußtet nicht mit an der Türe stehn
und den Tiraden lauschen, die dort unsrer harrten.
Da kommt mein Mann; er hat mich nicht gesehn;
ich gehe, um ihn droben zu erwarten.

CLEANTE
Ich warte hier, weil ich nicht länger bleiben mag,
und sag ihm rasch, bevor ich mich empfehle, guten Tag.

DAMIS
Fragt, was er zu der Hochzeit meiner Schwester denkt.
Ich hege den Verdacht, Tartuffe arbeitet sehr entgegen,
er ists, der meinen Vater zu den Winkelzügen drängt.
Ihr wißt, mir ist an dieser Sache sehr gelegen.
So, wie Valère sich meine Schwester wählt,
wäre ich selbst mit seiner Schwester gern vermählt;
und müßt...

DORINE   Er kommt.

4. SZENE – ORGON, CLEANTE, DORINE.

ORGON
                              Ah, Schwager, guten Tag wünsch ich.

CLEANTE
Just da Ihr wiederkommt, verabschiede ich mich.
Zur Zeit steht auf dem Land wohl nichts in Blüte.

ORGON *zu Cléante*
Dorine... eine Minute, Schwager, habt die Güte!
Laßt mich, damit mir dieser Stein vom Herzen fällt,
rasch nach den Neuigkeiten hier im Hause fragen.
Zu Dorine.
Was hat sich diese beiden Tage zugetragen?
Ist die Familie wohlauf? Ist alles wohlbestellt?

DORINE
    Madame litt vorgestern an Fieber bis tief in die Nacht
    und an Migräne, daß es nicht mit anzusehen war.
ORGON
    Aber Tartuffe?
DORINE
                        Tartuffe? Ihm geht es wunderbar,
    er ist schön drall, hat rote Backen, eine wahre Pracht.
ORGON
    Der arme Mann!
DORINE
                        Am Abend war sie ganz indisponiert
    und hat bei Tisch nicht einen Bissen angerührt,
    so wurde die Migräne ihr zur Qual.
ORGON
    Aber Tartuffe?
DORINE
                        Der aß allein das aufgetragne Mahl;
    zwei Rebhühner verschlang er ganz zu seinem Seelenheil
    und eine frikassierte Keule wenigstens zum Teil.
ORGON
    Der arme Mann!
DORINE
                        Die ganze Nacht tat sie kein Auge zu,
    denn keinen Augenblick ließ ihr die Hitze Ruh.
    Weil sie das Fieber unablässig plagte,
    hielten wir Wache bei ihr, bis es tagte.
ORGON
    Aber Tartuffe?
DORINE
                        In angenehmer Schwere, wohlig matt,
    ging er vom Tisch hinauf zu seiner Lagerstatt,
    streckte sich aus und sank dann ohne Sorgen
    in ungestörten Schlummer bis zum Morgen.

ORGON
  Der arme Mann!
DORINE
                  Doch schließlich konnten wir sie überzeugen,
  sich dem erforderlichen Aderlaß zu beugen,
  und Besserung trat auf der Stelle ein.
ORGON
  Aber Tartuffe?
DORINE
                  Der rang sich durch zu neuer Lebenslust
  und wappnete sich mannhaft gegen alle Pein,
  zum Ausgleich für den von Madame erlittnen Blutverlust
  hat er zu Mittag gleich vier Gläser Wein geleert.
ORGON
  Der arme Mann!
DORINE
                  Bei beiden ist das Übel jetzt besiegt.
  Ich gehe zu Madame, damit sie gleich erfährt,
  wie sehr ihre Gesundheit Euch am Herzen liegt.

5. SZENE – ORGON, CLEANTE.

CLEANTE
  Sie lacht Euch, Schwager, offen ins Gesicht,
  und – wenn ein offnes Wort Euch nicht empört –
  ich kann nur sagen: Unrecht hat sie nicht.
  Wo hat man je von einer solchen Narretei gehört?
  Wie kommt es, daß ein Mann Euch so gefangenhält,
  daß Euch um seinetwegen alles andere entfällt?
  Nicht nur, daß Ihr ihm Geld gebt und die Wohnung mit ihm
                                                      [teilt,
  Ihr geht sogar...

ORGON

        Halt, Schwager, nicht so übereilt;
Ihr sprecht von jemandem, und kennt den nicht, um den es

                                                    [geht.

CLEANTE

Nun gut, ich kenn ihn nicht, wenn Ihr darauf besteht.
Doch wenn ich wissen will, um wen es sich da

ORGON   [handeln kann...

Wenn Ihr ihn träft, dann wärt Ihr von ihm eingenommen
und würdet gar nicht aus dem Staunen kommen.
Er ist ein Mann..., ein Mann, der... ah, ein...

                                  [kurz: ein Mann!
Wer seinen Lehren folgt, der lebt in tiefem Seelenfrieden
und blickt so wie vom Mist auf diese Welt hienieden.
Sein Umgang läßt mich ein ganz andrer werden;
an nichts, lehrt er, soll man sich binden hier auf Erden,
um keine Freundschaft, keine Liebe werben,
und würden mir jetzt Mutter, Frau und Kinder sterben,
dann ginge mich das alles nichts mehr an.

CLEANTE

Empfindungen wie diese, Schwager, nenn ich mir human.

ORGON

Ah, wärt Ihr dabeigewesen, als ich ihm begegnet bin,
dann fühltet Ihr für ihn die gleiche Sympathie.
Mit sanfter Miene kam er jeden Tag zur Kirche hin
und kniete sich stets auf die Bank mir gerade vis-à-vis.
Ein Raunen ging das ganze Gotteshaus entlang,
so inbrünstig war das Gebet, das er der Brust entrang.
Er seufzte tief, war sichtbar ganz ins Himmlische entrückt
und ständig, um den Staub zu küssen, demutsvoll gebückt.
Er kam mir rasch zuvor, wenn ich im Aufbruch war,
und bot mir am Portal geweihtes Wasser dar.
Als sein Lakai, der sich in allem nach ihm richtete,
mir dann von seiner Not und seinem Stand berichtete,

bot ich ihm Spenden; aber, die Askese in Person,
gab er mir immer einen Teil zurück.
»Nicht halb soviel«, sprach er, »ein Bruchteil reicht
[mir schon,
dies Mitleid ist für mich ein unverdientes Glück.«
Als ich darauf bestand, er könne nichts entbehren,
verschenkte er vor mir den Armen das verschmähte Geld.
Der Himmel gab mir ein, ihm Obdach zu gewähren,
und seither scheint in meinem Hause alles wohlbestellt.
Er hat auf alles acht, und selbst um meine Frau
sorgt er sich wegen meiner Ehre außerordentlich.
Wenn man ihr schöne Augen macht, sieht er es genau
und zeigt sich zehnmal eifersüchtiger als ich.
Ihr glaubt mir nicht, worauf sein frommer Eifer
[sich erstreckt:
der kleinste Hauch von Sünde stürzt ihn schon in Seelenqual,
ein Nichts reicht aus, und Anstoß ist erweckt.
Zum Beispiel klagte er sich bitter an das letzte Mal,
weil er beim Beten plötzlich einen Floh fing
und ihn im Zorn zerquetschte wie ein Rohling.

CLEANTE
Zum Kuckuck, Ihr seid wohl verrückt, wenn man mich fragt.
Verkauft Ihr mich mit dem Geschwätz für dumm?
Behauptet Ihr im Ernst, das alberne Brimborium...

ORGON
Es riecht nach Freigeist, Schwager, was Ihr mir da sagt;
von dem Bazillus seid Ihr stark gefährdet.
Gepredigt hab ichs Euch in mehr als einem Fall,
daß Ihr damit noch übel fahren werdet.

CLEANTE
So hört man es von Euresgleichen überall.
Sie wünschen jedem ihre eigene Umnachtung.
Wer Augen hat, wird zu den Freigeistern gesellt,
und wer vor leerem Firlefanz nicht auf die Knie fällt,

der hat vor Glaubensdingen keine Achtung.
Mich aber können Eure Reden nicht erschrecken,
ich weiß ja, was ich sage, und der Himmel wird mich kennen.
Wir sind nicht Sklaven Eurer heuchlerischen Gecken.
Wies falsche Helden gibt, gibts Fromme, die sich
                                      [nur so nennen,
und wie sich dort, wo ihn die Ehre kämpfen heißt,
nicht wer am meisten lärmt als Tapferster erweist,
so ist der wahre Fromme, dem Respekt geziemt,
nicht der, der allzu augenfällig Inbrunst mimt.
Wie? Ist es Euch denn wirklich einerlei,
ob man von Herzen fromm ist oder nur aus Heuchelei?
Nennt Ihr mit einem Namen, was so grundverschieden ist?
Wollt Ihr die leere Fratze wie das Antlitz schätzen,
Aufrichtigkeit nicht unterscheiden von der Hinterlist?
Betrug und Wahrheit an dieselbe Stelle setzen?
Der Puppe und dem Menschen zollt Ihr gleich Verehrung?
Sind falsches Geld und echte Münze für Euch eine Währung?
Die Menschen sind meist eigentümliche Geschöpfe:
nie folgen sie der Ordnung der Natur.
Die Schranken der Vernunft sind viel zu eng für ihre Köpfe;
gleich welches Naturell, sie schlagen stets über die Schnur.
Sie sind imstande, selbst das Edelste zu korrumpieren,
weil sie im Übereifer jedes Maß verlieren.
Das wollt ich nebenbei bemerken, Schwager.

ORGON
Ich weiß ja, daß Ihr eine Geistesleuchte seid;
das ganze Wissen dieser Welt habt Ihr auf Lager.
Ihr seid der einzig weise, einzig aufgeklärte Kopf,
ein zweiter Cato, ein Orakel unsrer Zeit,
und gegen Euch ist jeder andere ein Tropf.

CLEANTE
Ich bin ganz sicher keine Geistesleuchte, Schwager,
und hab nicht alles Wissen dieser Welt auf Lager.

Ich weiß jedoch – und das ist meine ganze Wissenschaft –,
daß zwischen wahr und falsch ein weiter Abstand klafft;
und wie ich nirgends eine Art von Helden kenne,
die größrer Achtung wert sind als die wirklich Frommen,
nichts auf der Welt, das ich erhabener und schöner nenne
als Inbrunst und Gebet, die aus der Seele kommen,
so seh ich nirgends etwas, das ich tiefer hasse,
als den gemimten Eifer einer frömmelnden Grimasse,
als jene Scharlatane, jene Vorzeigeasketen,
die voller Blasphemie und Hinterlist
das ungestraft und ohne Scham mit Füßen treten,
was für die Menschen das Erhabenste und Reinste ist;
die, weil sie immer nach dem eignen Vorteil handeln,
die Frömmigkeit in eine Ware, ein Geschäft verwandeln
und sich durch Posen und durch falsches Augenrollen
nur Macht und einträgliche Pfründe kaufen wollen,
die, sag ich, die mit einer Inbrunst ohne Grenzen
man auf dem Pfad zum Himmel nach Karriere streben sieht,
die, im Gebet entrückt, die offne Hand kredenzen
und uns bei Hof belehren, wie man dieser Welt entflieht;
die ihre Inbrunst nach der Elle ihrer Laster messen,
die skrupellos, gehässig, tückisch, ehrvergessen
schamlos, um einen Gegner zu verderben,
den eignen Haß mit göttlichen Belangen überfärben;
und ihres Grolls kann man sich um so schwieriger erwehren,
als er mit Waffen kämpft, die wir verehren,
und als ihr Wüten, das man als Verdienst erachtet,
uns mit dem Schwert des Glaubens nach dem Leben trachtet.
Von diesem falschen Schlag lassen sich allzu viele nennen;
doch unverwechselbar strahlt wahre Frömmigkeit.
Genügend gibt es, Schwager, auch in unserer Zeit,
die uns glanzvoll als Vorbild dienen können:
betrachtet Ariston, betachtet Périandre,
Oronte, Polydore, Alcidamas, Clitandre:

von keinem wird ihnen der Titel abgesprochen.
Sie sinds nicht selbst, die laut auf ihre Tugend pochen.
Bei ihnen trifft man nicht auf selbstgerechte Penetranz,
und ihre Frömmigkeit ist voll Verständnis und human.
Sie maßen sich kein Urteil über unsere Taten an:
Sie sehen in derlei Rügen zuviel Arroganz,
den andern überlassen sie den Dünkel des Zensierens,
um durch das Werk statt durch das Wort zu kritisieren.
Sie unterstellen nicht das Böse nach dem äußern Schein
und suchen stets das Gute in den Menschen aufzuspüren.
Sie kennen kein Intrigenspiel und keine Klüngeleien,
ihr einziges Bemühen ist, ihr Leben gut zu führen.
Nie ists der Sünder, den sie Feindschaft fühlen lassen,
weil sie allein die Sünde selber hassen.
Auch zählen sie es nie zu ihren Pflichten,
den Himmel selbst in Gottesfurcht zu unterrichten.
Das nenn ich meine Leute, danach ist zu leben;
sie sind es, die uns in der Tat ein Beispiel geben.
Nun, Euer Mann, offen gesagt, ist nicht von diesem Geist,
und auch wenn Ihr in gutem Glauben seinen Eifer preist,
scheint Ihr mir doch von einem falschen Glanz geblendet.

ORGON

Hat Euer Sermon, lieber Schwager, jetzt geendet?

CLEANTE

Ja.

ORGON

Euer Diener!

CLEANTE   Schwager, noch eine Sekunde!
Das Thema lassen wir. Valère erfuhr aus Eurem Munde,
daß er sich Hoffnung machen darf auf Marianes Hand.

ORGON

Ja.

CLEANTE

Für die Hochzeit war schon der Termin bekannt.

ORGON
  Das stimmt.
CLEANTE
            Warum also schiebt man das Fest noch hin?
ORGON
  Ich weiß nicht.
CLEANTE
              Habt Ihr etwa anderes im Sinn?
ORGON
  Vielleicht.
CLEANTE
            Ihr wollt doch Euer Wort nicht brechen?
ORGON
  Das sag ich nicht.
CLEANTE
              Kein Hindernis, wenn mich nicht alles trügt,
  steht gegen das gegebene Versprechen?
ORGON
  Je nun.
CLEANTE
          Warum die Ausflüchte, wenn doch ein Wort genügt?
  Valère läßt Euch durch mich nach der Entscheidung fragen.
ORGON
  Da sei dem Himmel Dank.
CLEANTE
                    Was werde ich ihm sagen?
ORGON
  Das sucht Euch aus.
CLEANTE
              Doch muß ich erst erfahren,
  was Eure Absicht ist. Was wollt Ihr?
ORGON
                          So verfahren,
  wie mich der Himmel heißt.

CLEANTE

                             Reden wir offen.
Valère hat Eure Zusage. Bleibt Ihr bei Eurem Wort?

ORGON

Adieu.

CLEANTE *allein*

      Für seine Liebe ist nichts Gutes zu erhoffen.
Das, was hier vorgeht, meld ich ihm sofort.

ZWEITER AKT

1. SZENE – ORGON, MARIANE.

ORGON
  Mariane.
MARIANE
      Mein Vater.
ORGON
           Tretet näher. Auf ein Wort
  will ich Euch hier unter vier Augen sehn.
MARIANE
                  Was sucht Ihr dort?
ORGON *er schaut in eine kleine Kammer*
  Ich will nur diesen Raum auf Lauscher kontrollieren:
  Er ist ein idealer Ort zum Spionieren.
  Nun, wir sind ungestört. Mariane, in Eurem Wesen
  wart Ihr von Kind auf fügsam und geduldig
  und seid mir darum stets besonders lieb gewesen.
MARIANE
  Ich bin Euch viel für diese Vaterliebe schuldig.
ORGON
  Sehr schön gesagt, mein Kind. Zum Zeichen Eurer
                          [Dankbarkeit
  sei oberstes Gebot für Euch meine Zufriedenheit.
MARIANE
  Ich wüßte nichts, was meine Mühe schöner lohnt.
ORGON
  Was sagt Ihr zu Tartuffe, der hier im Hause wohnt?
MARIANE
  Wer, ich?
ORGON
        Ja, Ihr. Paßt auf, was Ihr zur Antwort gebt.

MARIANE
O weh. Ich sage nur, was Euch nicht widerstrebt.
ORGON
Sehr schön gesprochen. Sagt mir denn, mein Kind,
daß außerordentliche Gaben an ihm sind,
daß Euer Herz ihn liebt und Ihr nichts sehnlicher verlangt,
als daß Ihr ihn durch meine Wahl zum Mann empfangt.
Ha?

Mariane fährt überrascht zurück.

MARIANE
   Hu?
ORGON
      Was heißt das?
MARIANE
            Bitte?
ORGON
                Was?
MARIANE
                  Wen hörte ich Euch nennen?
ORGON
Wie?
MARIANE
Von wem, mein Vater, soll ich Euch bekennen,
daß ihn mein Herz so liebe und nichts sehnlicher verlange,
als daß ich ihn durch Eure Wahl zum Mann empfange?
ORGON
Tartuffe.
MARIANE
Dem ist nicht so, ich kanns beschwören.
Warum, mein Vater, wollt Ihr eine Lüge von mir hören?
ORGON
Aber ich will, daß mans als Wahrheit nimmt,
und Euch genügt zu wissen: ich habs so bestimmt.

MARIANE
  Wie, Vater, wollt Ihr…
ORGON
                            Meine Tochter, ja,
  ich will Tartuffe als Schwiegersohn mit uns verbinden.
  Tartuffe wird Euer Mann, Ihr habt Euch damit abzufinden.
  Und da Ihr meine Wünsche stets…

2. SZENE – ORGON, MARIANE.

ORGON   Was macht Ihr da?
  Die Neugier scheint Euch überaus zu plagen,
  Mamsell, daß Ihr belauschen müßt, was andre Leute sagen.
DORINE
  Wer die Gerüchte ausstreut, weiß ich nicht,
  ists Zufall oder stellt jemand eine Vermutung an,
  jedoch ich weiß, daß man von dieser Hochzeit spricht.
  Ich habe das als Hirngespinste abgetan.
ORGON
  Ist denn so schwer daran zu glauben?
DORINE
                                Nicht im Traum!
  Auch wenn Ihrs selber sagt, glaubt ich es kaum.
ORGON
  Ich kenne Mittel, die den Glauben schon noch wecken.
DORINE
  Ja ja, erzählt uns nur Eure Geschichten.
ORGON
  Was ich erzähl, könnt Ihr mit eignen Augen bald entdecken.
DORINE
  Ihr scherzt ja.
ORGON
            Meine Tochter, Scherz ist das mitnichten.

DORINE

Seid doch nicht dumm. Glaubt Eurem Vater nicht ein Wort.
Er macht sich lustig.

ORGON

Wenn ich sage...

DORINE

Redet Ihr nur immer fort,
wir glaubens trotzdem nicht.

ORGON

Ich warne Euch, wenn Ihr so frech...

DORINE

Nun gut, wir glauben Euch, und das ist Euer Pech.
Wie auch! Mit einer Miene, aus der soviel Klugheit spricht,
und einem solchen Schnurrbart mitten im Gesicht
seid Ihr verrückt genug, um...

ORGON

Hört mal her!
Ihr werdet hier im Hause derart familiär,
daß ich Euch sagen muß, Mamsell: das sind keine Manieren!

DORINE

Ich bitte Euch, Monsieur, Euch nicht zu echauffieren.
Wollt Ihr mit dem Komplott das ganze Haus verspotten?
Denn Eure Tochter paßt doch nicht zu jemandem Bigotten.
Ein frommer Mann wie er hat anderes im Sinn.
Und außerdem, was glaubt Ihr, was Euch diese Heirat nützt?
Warum geht Ihr mit all Eurem Vermögen hin,
und schenkt es einem Bettler...

ORGON

Still. Auch wenn er nichts besitzt,
muß man ihm eben darum Achtung zollen.
Wenn er in Armut lebt, dann wohl in einer ehrenvollen.
Sie muß ihn über Rang und Stand erheben;
sein Eigentum hat er der Habsucht andrer preisgegeben,
weil er die Güter dieser Welt verachtet

und nur nach unvergänglichem Besitztum trachtet.
Durch meine Unterstützung geb ich ihm die Mittel,
daß er die eingebüßten Rechte geltend machen kann.
Es handelt sich um ansehnliche Ländereien und Titel,
und wie er vor Euch steht, ist er ein Edelmann.

DORINE
Ja, das behauptet er, und diese Eitelkeit,
Monsieur, verträgt sich schlecht mit wahrer Frömmigkeit.
Will man als Heiliger in Unschuld leben,
dann muß man nicht so viel auf Rang und Abkunft geben,
und auch ein gottesfürchtiges, bescheidenes Gebaren
wird sich wohl schwer dem Drang nach Glanz und
[Ansehn paaren.
Wozu der Stolz?... Ich sehe, daß Ihr das schlecht
[hören könnt;
nun, reden wir von ihm, und sei sein Adel ihm vergönnt.
Bestimmt Ihr also, ohne daß Euch etwas daran stört,
daß so ein Mädchen einem solchen Mann gehört?
Habt Ihr für das, was schicklich ist, keine Empfindung
und seht Ihr nicht schon jetzt die Frucht dieser
[Verbindung?
Denn wißt, es heißt die Tugend einer Frau gefährden,
wenn man sie jemandem vermählt, den sie nicht liebt;
ihr Vorsatz, eine treue Frau zu werden,
hängt ab von dem Gemahl, den man ihr gibt.
Die Männer, deren Stirn man sich mit Fingern weist,
machen die eigne Frau zu dem, was sie am Ende heißt;
denn Treue ist uns eine schwere Last,
wenn ganz bestimmte Ehemänner sie verlangen;
wer seine Tochter jemandem zur Frau gibt, den sie haßt,
ist vor dem Himmel mitschuld, hat sie Fehltritte begangen.
Seht die Gefahr, in die Ihr Euch mit diesem Plan begebt.

ORGON
Sie will mich tatsächlich belehren, wie man lebt.

DORINE
Ihr tätet gut daran, den Lehren Euer Ohr zu leihen.
ORGON *zu Mariane*
Wir halten uns nicht auf mit diesen Kindereien.
Was Euer Vater sagt, ist für Euch gut und richtig.
Der erste, dem ich Euch versprochen hatte, war Valère;
doch heißts nicht nur, ihm sei der Spieltisch wichtig,
ich fürchte auch, er hat mit Freigeistern Verkehr,
und in der Kirche macht er sich zumindest rar.
DORINE
Meint Ihr, er habe zu bestimmten Zeiten hinzugehn
wie manche andern, daß ihn ja auch alle sehn?
ORGON
Ich bat Euch nicht um Euren Kommentar.
Kurz, mit dem Himmel steht der andere auf bestem Fuß,
und dieses Gut braucht sich vor keinem andern zu verstecken.
Für Euch wird dieser Ehebund ein Zuckerschlecken,
und jeder Tag an seiner Seite ist ein Hochgenuß.
Ihr werdet, Eurer Liebe treu, zusammenleben,
so richtig wie zwei Kinder, wie zwei Turteltauben,
nie wird sich zwischen Euch ein Streit erheben,
und alles könnt Ihr Euch mit ihm erlauben.
DORINE
Sie sich mit ihm? Die Hörner setzt sie ihm aufs Dach.
ORGON
Pfui! Was für Worte!
DORINE   Er verlangt doch geradezu danach;
Monsieur, ich sage Euch, bei einem Mann von seinem Schlag
reicht keine Tugend aus, die Eure Tochter haben mag.
ORGON
Seid still und redet mir nicht unentwegt dazwischen,
um Euch in fremde Angelegenheiten einzumischen.
DORINE
Monsieur, ich rede, weil ich Euer Bestes will.

114

Sie unterbricht ihn immer dann, wenn er sich gerade umdreht,
um mit seiner Tochter zu sprechen.

ORGON
  Die Sorge ist nicht nötig, seid jetzt bitte still.

DORINE
  Hätte man Euch nicht gern...

ORGON
                        Habt andre gern, nicht mich.

DORINE
  Ich hab Euch trotzdem gern, Monsieur, auch
                        [wenns Euch nicht gefällt.

ORGON
  Ah.

DORINE
      Eure Ehre ist mir teuer, und ich dulde nicht,
  daß Ihr der Trottel seid für alle Welt.

ORGON
  Ihr schweigt nicht?

DORINE
                  Mein Gewissen heißts nicht gut,
  laß ich Euch eine solche Ehe stiften.

ORGON
  Was hast du Schlange immer noch zu giften...

DORINE
  Ah, Ihr seid fromm und zeigt Euch doch in Wut!

ORGON
  Bei deinem albernen Geschwätz kommt mir die Galle hoch.
  Zum allerletzten Mal: bleib endlich stumm.

DORINE
  Gut, also bin ich still, aber dran denken muß ich doch.

ORGON
  Denk, was du willst, aber bemüh dich drum,
  es still zu tun, oder... Genug!
  Er wendet sich um zu seiner Tochter.

                              Mit Klugheit und Verstand
    hab ich das alles überlegt.
DORINE
                         Ich platze,
    daß ich nichts sagen darf.
ORGON
                              Tartuffe ist zwar kein junger Fant,
    jedoch in allen Dingen...
DORINE
                         Er ist eine schöne Fratze.
ORGON
    ... von solcher Art, daß Ihr auch ohne Sympathie
    für alle andern Vorzüge...
    *Er dreht sich zu ihr um und beobachtet sie mit verschränkten
    Armen.*
DORINE
                         Da hat sie eine Traumpartie!
    Wenn ich an ihrer Stelle wäre, das wär doch gelacht,
    mich würd ein Mann nie ungestraft zur Heirat zwingen!
    Der wüßte sehr bald nach der Hochzeitsnacht:
    will eine Frau sich rächen, wirds ihr auch gelingen.
ORGON
    Das, was ich sage, nimmt hier also keiner ernst?
DORINE
    Ich rede nicht mit Euch. Was habt Ihr zu monieren?
ORGON
    Was tust du sonst?
DORINE
                         Ein bißchen monologisieren.
ORGON
    Na gut! Damit du deine Unverschämtheiten verlernst,
    muß ich dir eine Ohrfeige verpassen.
    *Er geht vor ihr in Stellung, um sie zu ohrfeigen; jedes Mal,
    wenn er sie anblickt, steht Dorine still da und sagt nichts.*

116

ORGON
Ihr, meine Tochter, sollt Euch überzeugen lassen
und wissen, ich hab Euch als Mann d e n vorgeschlagen...
Zu Dorine.
Nun, warum sprichst du nicht?
DORINE
                                    Ich hab mir nichts zu sagen.

ORGON
Ein Wörtchen nur.
DORINE
                           Es fällt mir gar nicht ein.

ORGON
Ich warte nur drauf.
DORINE
                         Eine Närrin müßt ich sein.

ORGON
Ihr, meine Tochter, habt Euch jetzt zu fügen
und ein für allemal mit der Entscheidung zu begnügen.
DORINE
Ich würde mich bedanken für d e n als Gemahl.

Er will ihr eine Ohrfeige geben und trifft sie nicht.

ORGON
Ich kann nicht mehr, wir klären das ein andermal.
Die Frau, die Ihr da habt, ist eine wahre Pest,
mit der sich ohne Sünde nicht mehr länger leben läßt.
Ihr vorlautes Gerede hat mich derart aufgebracht,
ich hoffe, daß die frische Luft mich wieder ruhig macht.

3. Szene – Dorine, Mariane.

DORINE

Sagt, hat es Euch die Sprache ganz verschlagen,
und muß ich Eure Rolle übernehmen in dem Stück?
Da wird Euch ein verrückter Vorschlag angetragen,
und Ihr, Ihr weist ihn nicht mit einem Wort zurück!

MARIANE

Wie soll ich gegen einen solchen Vater aufbegehren?

DORINE

Indem Ihr alles tut, die Drohung abzuwehren.

MARIANE

Und wie?

DORINE

Sagt ihm, ein Herz liebt niemals auf Bestellung;
Ihr heiratet für Euch, und nicht für sein Vergnügen;
da es um Eure Sache geht bei der Vermählung,
muß folglich Euch, nicht ihm der Ehemann genügen.
Und wenn ihm sein Tartuffe begehrenswert erscheint,
dann soll er selber mit ihm Hochzeit halten, wenn er meint.

MARIANE

Ich habe solche Angst vor meines Vaters Macht,
ich habe nie ein offnes Wort vor ihm herausgebracht.

DORINE

Doch überlegen wir! Valère hat viel um Euch getan.
Liebt Ihr ihn oder nicht, das sollt Ihr deutlich sagen.

MARIANE

Ach, welches Unrecht tust du meiner Liebe an!
Dorine, mußt du mich das wirklich fragen?
Hab ich dir nicht schon hundertmal mein Herz enthüllt,
und weißt du nicht, daß ich die Seine bin?

DORINE

Das sagen Eure Worte. Liegt auch Euer Herz darin?
Weiß ich, ob es die Liebe zu dem einen ganz erfüllt?

118

MARIANE
Dorine, wie kränkt mich deine mißtrauische Art!
Meine Gefühle haben sich nur allzu deutlich offenbart.
DORINE
Ihr liebt ihn also?
MARIANE   Ja, mehr als mein Leben.
DORINE
Und sein Herz ist Euch ebenso ergeben?
MARIANE
Ich glaube es.
DORINE
                    Und beide würdet Ihr nichts lieber sehn,
als möglichst bald zu Mann und Frau zu werden?
MARIANE
                                                    Unbedingt.
DORINE
Und mit der andern Ehe, was soll da geschehn?
MARIANE
Ich gehe in den Tod, wenn man mich dazu zwingt.
DORINE
Sehr gut. Ich kam gar nicht auf die Arznei.
Nur rasch gestorben, und die Sorgen sind vorbei.
Das Mittel ist grandios. Ich könnte platzen,
wenn Leute vor mir solchen Unsinn schwatzen.
MARIANE
Mein Gott, wie aufgebracht du plötzlich bist!
Du hast kein Mitgefühl, wenn jemand andres leidet.
DORINE
Ich hab kein Mitgefühl, wenn jemand kindisch ist
und sich in der Gefahr zu nichts entscheidet.
MARIANE
Was soll ich machen? Wenn ich nicht so ängstlich wär...
DORINE
Ein Herz, das wirklich liebt, muß standhaft sein.

MARIANE
Bin ich nicht standhaft in der Liebe zu Valère?
Und ists nicht seine Sache, mich vom Vater zu befrein?
DORINE
Wie? Wenn der Vater sich als ausgemachter Narr erweist,
der nur Tartuffe als seinem Abgott huldigt
und die beschlossene Verbindung auseinanderreißt,
ist Euer Liebster plötzlich daran schuldig?
MARIANE
Du willst, daß ich mich weigere und trotzig widerstrebe?
Durch meine Wahl meine Verliebtheit zu erkennen gebe?
Für ihn soll ich, wie glänzend seine Vorzüge auch sind,
das Schamgefühl der Frau mißachten und die Pflicht als Kind?
Und meine Liebe soll sich öffentlich, vor aller Welt...
DORINE
Nein, nichts will ich. Ich sehe, daß es Euch gefällt,
Madame Tartuffe zu werden, und wenn mans bedenkt,
wär es nicht recht, Euch diese Ehe auszureden.
Aus welchem Grund, wenn Euer Herz so an ihm hängt?
Denn die Partie als solche blendet jeden.
Monsieur Tartuffe, ist das denn nichts, was man
                              [Euch da bestimmt?
Monsieur Tartuffe, wenn man die Sache richtig nimmt,
der putzt sich nicht die Nase mit den Zehen,
und glücklich, wen es trifft, mit ihm vor dem Altar zu stehen!
Die ganze Welt hat ihn bereits mit Ruhm bekränzt,
er ist – auf seinem Dorf – von Adel, imponierend von Gestalt,
hat rote Ohren, ein Gesicht, das vor Gesundheit glänzt:
mit diesem Ehgespons werdet Ihr glücklich alt!
MARIANE
Mein Gott...
DORINE
          Was wird das für ein Leben voller Seligkeit,
wenn Ihr erst eines solchen Mannes Frau geworden seid!

MARIANE
Ich bitte dich, hör auf mit diesem Schreckensbild
und sage mir, wie komm ich gegen diese Ehe an?
Ich gebe auf, zu allem bin ich jetzt gewillt.

DORINE
Nein, eine Tochter sei dem Vater immer untertan,
auch wenn er glaubt, ein Affe sei der Rechte für ein Mädchen.
Ihr habt ein schönes Los. Warum die Leidensmiene?
Ihr fahrt mit einer Kutsche in sein Städtchen,
wo er zahlreiche Onkel hat und auch manche Cousine;
mit ihnen treibt Ihr angeregt Konversation.
Man macht Euch gleich der örtlichen Noblesse bekannt.
Zu Euerem Début besucht Ihr schon
Frau Schultheiß und die Frau des Herrn vom Steueramt
und sitzt als Ehrengast auf einem Klappstuhl in der Ecke.
Im Fasching fordert man Euch auf zum Tanze,
großes Orchester spielt, nämlich zwei Dudelsäcke,
die Marionetten und ein abgerichteter Schimpanse.
Doch wenn Euer Gemahl…

MARIANE
                              Du bringst mich um.
Hilf mir aus dieser Lage, rette mich!

DORINE
Zu Euren Diensten.

MARIANE
                              Dorine, ich bitte dich.

DORINE
Zur Strafe kommt Ihr jetzt um diese Hochzeit nicht herum.

MARIANE
Du liebe, Gute!

DORINE
                    Nein!

MARIANE
                              Ich sage auch vor allen laut…

DORINE
  Nichts da, Tartuffe ist Euer Mann, jetzt wird er

                                  [ausprobiert.
MARIANE
  Du weißt, ich habe mich dir immer anvertraut.
  Mach, daß ich...
DORINE
                Nein, Ihr werdet jetzt tartüffisiert.
MARIANE
  Nun gut, wenn dich mein Los nicht rühren kann,
  dann gib mich nur meiner Verzweiflung preis.
  Sie bietet sich als letzter Helfer an,
  der für mein Leid ein unfehlbares Mittel weiß.
  Sie will gehen.
DORINE
  He, kommt zurück, ich bleibe nicht mehr hart.
  Trotz allem kann ich Euch nicht ohne Mitleid sehn.
MARIANE
  Wird dieser Opfergang mir nicht erspart,
  Dorine, dann muß ich aus dem Leben gehn.
DORINE
  Quält Euch nicht länger. Eine kluge Gegenwehr
  kann noch verhindern... Doch hier kommt Valère.

4. SZENE – VALERE, MARIANE, DORINE.

VALERE
  Soeben hört man eine Neuigkeit, Madame,
  die ich nicht wußte und mit viel Plaisir vernahm.
MARIANE
  Und welche?
VALERE
          Ihr vermählt Euch mit Tartuffe.

MARIANE

                              Ja, es ist wahr,

daß jetzt mein Vater solche Pläne hegt.

VALERE

Madame, Euer Vater...

MARIANE

                    ... hat sichs anders überlegt.

Soeben legte er mir seine Absicht dar.

VALERE

Wie? Ohne Scherz?

MARIANE

            Ich sage Euch: ganz ohne Scherz.

Er ließ mich wissen, an d e r Ehe hängt sein Herz.

VALERE

Und welches ist der Schluß, zu dem Ihr selbst

                         [gekommen seid?

Madame?

MARIANE

      Ich weiß es nicht.

VALERE

               Das ist liebenswürdiger Bescheid.

Ihr wißt es nicht?

MARIANE

         Nein.

VALERE

         Nein?

MARIANE

             Was könnt Ihr mir empfehlen?

VALERE

Ich rate Euch, Euch diesem Manne zu vermählen.

MARIANE

Das ratet Ihr mir also?

VALERE

        Ja.

MARIANE

                      Ganz ernsthaft?

VALERE

                                       Unbedingt.

Es ist eine Partie, die Euch viel Ehre bringt.

MARIANE

Nun denn, Monsieur, ich schätze Euren Ratschlag sehr.

VALERE

Ich glaube, ihm zu folgen, fällt Euch wohl nicht schwer.

MARIANE

So schwer wie Euch, denk ich, als Ihr ihn gabt.

VALERE

Madame, ich gab ihn Euch, damit Ihr Freude daran habt.

MARIANE

Und ich, ich nehm ihn an Euch zu Gefallen.

DORINE *beiseite*

Ich bin gespannt: was wird noch aus dem allen?

VALERE

Und so etwas soll Liebe sein. Ihr habt nur so getan,

als ob...

MARIANE

                Fangt bitte jetzt nicht davon an.

Ihr sagt, daß es für mich das beste wäre,

zum Mann zu nehmen, wen man für mich ausersah,

und i c h sag, daß ich mich dazu bereit erkläre,

denn das empfiehlt mir Euer guter Ratschlag ja.

VALERE

Mit dem, was ich angeblich will, entschuldigt Ihr

                              [Euch schlecht.

In Wahrheit hattet Ihr Euch längst entschieden,

und jetzt ist jede leichtfertige Ausrede Euch recht,

wird nur der Eindruck eines Treuebruchs vermieden.

MARIANE

Sehr gut gesagt.

VALERE
            Wie Euer Herz sich zu erkennen gibt,
    habt Ihr mich eigentlich niemals geliebt.
MARIANE
    Ach! Es ist Euer Recht, daß Ihr so denkt.
VALERE
    Ja ja, es ist mein Recht, indes, wenn Ihr mich derart kränkt,
    kommt Ihr vielleicht mit dieser Absicht doch zu spät:
    ich kenne jemanden, der meine Werbung nicht verschmäht.
MARIANE
    Ich zweifle nicht daran; denn man empfindet heiß
    für einen Mann von Eurem Wert…
VALERE   Laßt meinen Wert,
    er ist gewiß gering, Ihr selbst seid dafür der Beweis;
    doch hoff ich auf die Gunst, die eine andre mir gewährt.
    Ich weiß ein Herz, das mir nach unsrer Trennung offensteht
    und mich für das entschädigt, was mir hier entgeht.
MARIANE
    Das ist nicht viel, und darüber, daß Ihr Euch von mir löstet,
    seid Ihr gewiß sehr rasch hinweggetröstet…
VALERE
    Ihr könnt mir glauben, ich werd alles dafür tun.
    Ein Herz, das uns vergessen kann, läßt unsern Stolz
                                            [nicht ruhn.
    Mit aller Kraft muß man sich mühn, daß man es
                                            [selbst vergißt,
    oder Vergessen heucheln, wenn uns das nicht möglich ist,
    und der verdient für immer Schimpf und Tadel,
    der auch noch Liebe zeigt für die, die ihn verläßt.
MARIANE
    Der Standpunkt zeugt von wahrem Seelenadel.
VALERE
    So ists, und seine Wahrheit steht für jeden fest.
    Wie! Wollt Ihr, daß ich mich in meiner Seele

ein Leben lang in Liebe zu Euch quäle?
Ich soll an Euer Glück in fremden Armen denken,
ohne das Herz, das Ihr verschmäht habt, anderen
[zu schenken?

MARIANE
Im Gegenteil, das würde ich sehr gerne sehn;
ich wünsche nur, es wäre schon geschehn.

VALERE
Das wünscht Ihr?

MARIANE
Aber ja.

VALERE
Das Maß ist voll!
Jetzt tu ich alles, was Euch glücklich machen soll.

*Er macht einen Schritt zum Ausgang und kehrt immer wieder
um.*

MARIANE
Sehr gut.

VALERE
Erinnert Euch daran, daß Ihr es selber seid,
Madame, die diesen letzten Schritt von mir erzwingt.

MARIANE
Sehr wohl.

VALERE
Und ich erkläre mich auch nur dazu bereit,
weil Ihr ihn ja als erste gingt.

MARIANE
Gut, weil ich ihn als erste ging.

VALERE
Genug, was Ihr Euch wünscht, soll Punkt für
[Punkt geschehn.

MARIANE
Mich freuts.

126

VALERE

           Zum letzten Mal im Leben habt Ihr mich gesehn.

MARIANE

  Wohlan!

VALERE *geht, und als er an der Tür ist, dreht er sich um*

  Ha?

MARIANE

      Was?

VALERE

        Rieft Ihr denn nicht nach mir?

MARIANE

  Ich? Ihr habt wohl geträumt.

VALERE

                  Dann geh ich also aus der Tür.

  Adieu, Madame.

MARIANE

        Adieu, Monsieur.

DORINE

               Jetzt muß ich mich bedanken:

  die ganze Zeit ließ ich Euch miteinander zanken,

  um zu erfahren, wo das enden soll.

  Heda, Ihr, Herr Valère.

*Sie hält ihn am Arm fest, und er tut so, als würde er sich heftig
sträuben.*

VALERE

         Was willst du denn, Dorine?

DORINE

  Kommt her!

VALERE   Nein nein, meine Geduld ist hin.

  Ich werde d a s tun, was sie glücklich werden läßt.

DORINE

  Hört damit auf.

VALERE

Nein, die Entscheidung steht jetzt fest.

DORINE
Ah.

MARIANE
Ich seh, er hälts nicht aus in meiner Nähe,
und deshalb ist es besser, wenn ich gehe.

DORINE *läßt Valère los und läuft zu Mariane*
Zur andern. Halt! Wo wollt Ihr hin?

MARIANE

Laß.

DORINE

Lauft nicht weg.

MARIANE
Nein, müh dich nicht, Dorine, es hat doch keinen Zweck.

VALERE
Ich seh, mein Anblick ist ihr eine Plage,
und es ist besser, sie jetzt davon zu befreien.

DORINE *läßt Mariane los und eilt zu Valère*
Jetzt der! Zum Kuckuck auch, kommt nicht in Frage!
Kommt her, hört endlich auf mit diesen Kindereien.
Sie zerrt sie zueinander.

VALERE
Worauf willst du hinaus?

MARIANE

Was ist dein Plan?

DORINE
Euch zu versöhnen und zu sehen, was man machen kann.
Zu Valère.
Seid Ihr verrückt, so einen Aufruhr anzufangen?

VALERE
Du hasts gehört; wie ist sie mit mir umgegangen!

DORINE *zu Mariane*
Was führt Ihr Euch so auf? Seid Ihr nicht recht bei Trost?

MARIANE
Du warst dabei. War ich denn nicht zu recht erbost?
DORINE *zu Valère*
Dummheit auf beiden Seiten. Ich steh dafür ein,
sie hat nichts anderes im Sinn, als Eure Frau zu sein.
Zu Mariane.
Er liebt nur Euch, und es ist all sein Streben,
Euer Gemahl zu werden, da verbürge ich mein Leben.
MARIANE
Wie kommt er denn dazu, mir sowas vorzuschlagen?
VALERE
Was muß sie auch in einer solchen Sache fragen?
DORINE
Ihr seid verrückt. Her mit der Hand, ihr beide, reicht sie mir.
Zu Valère. Kommt, gebt sie her!
VALERE *gibt Dorine seine Hand*
                                        Was willst du mit der Hand?
DORINE *zu Mariane*
Jetzt diese hier.
MARIANE *gibt ebenfalls ihre Hand*
Und wozu ist das alles gut?
DORINE
                              Mein Gott, kommt endlich her.
Ihr habt Euch beide lieber, als Ihr denkt.
VALERE *zu Mariane*
Tut diesen Schritt doch nicht so angestrengt,
und machts den andern nicht so schwer.

Mariane sieht Valère an und lächelt dabei ein wenig.

DORINE
Verliebte, muß man sagen, sind verrückte Wesen.
VALERE
Wie? Hab ich denn nicht Anlaß, über Euch zu klagen?

Und wenn ich ehrlich bin, ists nicht gemein gewesen,
mir so etwas Verletzendes zum Spaß zu sagen?

MARIANE

Und Ihr, seid Ihr denn nicht der undankbarste Mann...

DORINE

Sucht bitte einen andern Zeitpunkt, das zu klären,
und laßt uns prüfen, wie man diesen Plan vereiteln kann.

MARIANE

Dann sag uns, welche Mittel anzuwenden wären.

DORINE

Wir werden alles Mögliche probieren.
Das ist ein Witz, und Euer Vater will sich amüsieren.
Doch wär es für Euch gut, auf seine komischen Ideen
zum Schein als brave Tochter einzugehen,
dann fällt es Euch, wenn sich die Sache zuspitzt, leicht,
den Zeitpunkt der Vermählung noch hinauszuschieben.
Hat man erst Zeit gewonnen, ist schon viel erreicht.
Der erste Aufschub wird der Krankheit zugeschrieben,
die plötzlich ausbricht und erzwingt, die Heirat zu verlegen.
Dann wieder hat Euch Angst vor bösen Vorzeichen erfaßt.
Ein Leichenwagen kommt Euch unterwegs entgegen,
ein Spiegel geht entzwei, nachts träumt Ihr von Morast.
Das Beste ist, mit einem anderen als ihm
kann man Euch nicht vermählen ohne Euer Ja.
Doch daß der Plan gelingt, zeigt Ihr euch besser nicht intim:
man seh euch im Gespräch einander nicht so nah.
Zu Valère.
Geht, bittet Eure Freunde, Euch zu unterstützen,
damit Ihr das Versprochne noch gewinnt.
Wir sprechen ihren Bruder an, er soll uns nützen,
und auch die Stiefmutter, damit wir viele sind.

VALERE *zu Mariane*

Gleich, was wir auch an Listen überlegen,
allein Ihr selbst laßt mich die größte Hoffnung hegen.

MARIANE

Für Pläne meines Vaters biet ich nicht Gewähr;
doch nie gehör ich einem andern als Valère.

VALERE

Wie glücklich macht Ihr mich! Wer uns je trennen will...

DORINE

Ach, den Verliebten steht das Mundwerk niemals still.
Geht, sag ich Euch.

VALERE *macht einen Schritt und kommt zurück*
                    Eins noch...

DORINE

                                      Ihr plappert fort und fort!

Sie schubst jeden an der Schulter.
Verschwindet Ihr da drüben, und Ihr dort!

DRITTER AKT

1. SZENE – DAMIS, DORINE.

DAMIS
Mich soll doch gleich der Blitz erschlagen,
den größten Tropf am Platz soll man mich nennen,
wenn irgendeine Rücksicht oder Macht mir sagen,
jetzt mit dem Kopf nicht durch die Wand zu rennen.
DORINE
Ich bitte Euch, nehmt Euch mit Eurem Ungestüm in acht;
denn Euer Vater sagt doch nur, daß er es überleg;
was man sich ausdenkt, wird nicht alles gleich gemacht,
und zwischen Plan und Tat ist meist ein langer Weg.
DAMIS
Den Umtrieben des Laffen schieb ich einen Riegel vor:
ich flüstre ihm demnächst ein Wort ins Ohr.
DORINE
Gemach; bei ihm und Eurem Vater laßt uns warten,
was Eure Stiefmutter durch Zureden erreicht.
Ich glaube, bei Tartuffe hat sie die besten Karten,
denn auf ein Wort von ihr zu hören, fällt ihm leicht,
und es könnt sein, daß sich bei ihm Gefühle für sie regen.
Gäb Gott, daß es so ist; uns käm es sehr gelegen!
In Eurem Interesse will sie ihn hierher zitieren,
ihn nach der Hochzeit aushorchen, die Euch empört,
erfahren, wie er dazu steht, und ihm vor Augen führen,
welch eine peinliche Verwicklung er heraufbeschwört,
indem er Euren Vater zu dem Plan ermuntert.
Ich sah ihn nicht. Sein Diener sagt, er sei noch beim
                                              [Gebet,
doch hat er auch gesagt, er käme gleich herunter.
Drum laßt mich auf ihn warten, bitt ich Euch, und geht.

DAMIS
  Bei der Begegnung wär ich gern zur Stelle.
DORINE
  Nein, das besprechen sie allein.
DAMIS
                                Er wird von mir nichts hören.
DORINE
  Ihr scherzt! Man kennt doch Eure Wutanfälle,
  sie sind das beste Mittel, alles zu zerstören.
  Geht.
DAMIS
        Nein, ich sehe zu und halte mich im Zaum.
DORINE
  Was seid Ihr lästig. Da, er kommt, verläßt den Raum.

2. SZENE – TARTUFFE, LAURENT, DORINE.

TARTUFFE *als er Dorine sieht*
  Laurent, verschließt Ihr meine Geißel und mein Büßertuch,
  betet, der Himmel mög Euch stets Erleuchtung senden.
  Ich ging zu den Gefangenen, das sagt jedem Besuch,
  um eine Kleinigkeit von meinen Almosen zu spenden.
DORINE
  Wie er den Eifrer spielt und heilig tut!
TARTUFFE
  Ihr wünscht?
DORINE
              Ich melde Euch...
TARTUFFE *zieht ein Tuch aus seiner Tasche*
                          Um Himmels willen, seid so gut,
  nehmt dieses Taschentuch, bevor Ihr sprecht.
DORINE
  Wozu?

TARTUFFE

    Ich bitte Euch, den Busen zu bedecken.
Der Anblick solcher Dinge ist für unsre Seele schlecht,
weil sie in uns Gedanken an die Sünde wecken.

DORINE

Was seid Ihr rasch durch die Versuchung aufgewühlt,
daß Ihr schon durch ein bißchen Haut in Hitze kommt!
Ich kann gar nicht verstehn, was Ihr für eine Wallung fühlt,
mich nämlich überfällt diese Begierde nie so prompt.
Säh ich Euch auch von Kopf bis Füßen nackt,
ich würde nicht von Fleischeslust gepackt.

TARTUFFE

Laßt etwas mehr an Zucht in Euren Worten walten,
sonst kann ich mich mit Euch nicht länger unterhalten.

DORINE

Nein, nein, ich selbst will Euch in Ruhe lassen
und meine Botschaft kann ich in zwei Worte fassen.
Madame läßt fragen – gleich kommt sie hierher –:
seid Ihr zu einem Zwiegespräch mit ihr gewillt?

TARTUFFE

Wohlan! Sehr gern.

DORINE *zu sich selbst*

             Da zeigt er sich gleich mild.
Es scheint ganz so, als ob meine Vermutung richtig wär.

TARTUFFE

Ist sie bald hier?

DORINE

            Mir scheint, ich hör sie schon.
Gut, ich verlasse Euch, da kommt sie in Person.

3. SZENE – ELMIRE, TARTUFFE.

TARTUFFE
  Der Himmel gebe Euch in seiner grenzenlosen Güte,
  daß es Euch stets an Leib und Seele wohlergeht;
  und daß er alle Eure Tage segne und behüte,
  wie der geringste seiner Diener dies erfleht.
ELMIRE
  Ich bin Euch für die frommen Wünsche sehr verbunden;
  doch hier sind Stühle, setzen wir uns lieber.
TARTUFFE
  Sind die Beschwerden, die Euch quälten, denn
                                    [verschwunden?
ELMIRE
  Ja, völlig, und ich leide auch nicht mehr an Fieber.
TARTUFFE
  Meine Gebete haben sicher nicht genügend Stärke,
  als daß sie eine solche Wohltat wirken können,
  doch ich verrichtete nicht eines meiner frommen Werke,
  das nicht den Himmel bat, uns Euer Wohlergehn zu gönnen.
ELMIRE
  O, diese allzu große Sorge war gar nicht am Platz.
TARTUFFE
  Eure Gesundheit ist für mich der allergrößte Schatz:
  sie wiederherzustellen, wär mir meine nicht zu schade.
ELMIRE
  Ich stehe tief in Eurer Schuld für diese Gnade,
  Ihr zeigt mir eine Nächstenliebe ohnegleichen.
TARTUFFE
  Was ich auch tue, Euren Wert kann es niemals erreichen.
ELMIRE
  Ich wünsche mich in einer Sache mit Euch auszutauschen,
  und zwar unter vier Augen, so kann niemand uns
                                    [belauschen.

135

TARTUFFE
Auch ich bin von der Aussicht hingerissen,
Madame, mich ganz allein mich Euch zu wissen.
Es ist eine Gelegenheit, die ich vom Himmel oft begehrte,
und die er mir bisher noch nie gewährte.

ELMIRE
Ich will durch dies Gespräch erfahren, was Ihr denkt;
das Herz sollt Ihr mir öffnen und mir nichts verschweigen.

TARTUFFE
Auch ich ersehne nichts, wenn Ihr mir diese Gnade schenkt,
als Euren Augen meine Seele ganz zu zeigen
und Euch zu schwören: wenn ich mich erregte
über Besuch, den Eure Reize hier empfangen,
so nicht, weil ich feindselige Gefühle hegte,
vielmehr aus einem übereifrigen Verlangen,
dem reinen Wunsch...

ELMIRE
              So habe ichs mir auch gedacht
und angenommen, daß mein Seelenheil Euch Kummer macht.

TARTUFFE *drückt ihre Fingerspitzen*
O ja, Madame, so wenig ließ mich diese Sorge los...

ELMIRE
Uff! Ihr drückt zu fest.

TARTUFFE
              Mein Mitgefühl ist allzu groß.
Es liegt mir denkbar fern, Euch wehzutun,
und lieber würde ich...
Er legt ihr die Hand aufs Knie.

ELMIRE
              Warum muß Eure Hand da ruhn?

TARTUFFE
Ich fühle Euer Kleid, der Stoff ist seidenweich.

ELMIRE
Hört bitte auf, wenn man mich kitzelt, lach ich gleich!

Sie rückt ihren Stuhl weg, und Tartuffe rückt seinen nach.

TARTUFFE
Mein Gott! Sind diese Spitzen fein vernäht.
Wie meisterlich die Leute ihre Arbeit machen!
Nie sah man früher solche Qualität.

ELMIRE
Ja, in der Tat. Doch reden wir von unsern Sachen.
Es heißt, mein Mann hat einen neuen Schwiegersohn gewählt,
Euch gibt er seine Tochter. Ist es wahr, was man erzählt?

TARTUFFE
Er hat es angedeutet; doch, Madame, ich meinerseits
nenne nicht dies das Glück, dem meine Sehnsucht gilt;
ich sehe anderswo den wunderbaren Reiz
der Seligkeit, die alle meine Wünsche stillt.

ELMIRE
Ich weiß, Ihr könnt den Dingen dieser Welt nichts
[abgewinnen.

TARTUFFE
Das Herz in meinem Busen ist nicht aus Granit.

ELMIRE
Ich bin gewiß, daß Ihr zum Himmel strebt mit allen Sinnen,
und daß Euch nichts hinab zur Erde zieht.

TARTUFFE
Die Liebe, die uns an das unvergänglich Schöne bindet,
löscht nicht in uns die aus, die man für Zeitliches empfindet.
Unsere Sinne sind sehr leicht gefangen
von jenen Werken, die der Himmel makellos gestaltet.
In Euresgleichen sieht man seinen Abglanz prangen,
doch seine höchsten Schätze hat er nur in Euch entfaltet.
Euer Gesicht hat er mit Schönheit so geschmückt,
daß sie das Auge blendet und das Herz verzückt;
und ich vermocht Euch nicht zu sehn, vollkommne Kreatur,
ohne zu staunen vor dem Schöpfer der Natur,

ohne zu spüren, wie sehnsüchtige Glut mein Herz durchdrang
zu jenem schönsten Bildnis, das ihm von sich selbst gelang.
Erst scheute ich diese verborgne Liebe, weil mir schien,
sie sei eine geschickte List des Bösen,
mein Herz beschloß sogar, vor Eurem Blick zu fliehn
aus Angst, ich könne anders meine Seele nicht erlösen.
Doch dann erkannte ich, liebreizendste der Schönen,
die Leidenschaft, die ich empfinde, ist nicht schuldig;
mit Zucht und Sitte läßt sie sich versöhnen,
so daß mein Herz ihr nunmehr ohne Hemmung huldigt.
Ich muß gestehn, es ist von mir sehr kühn,
daß ich Euch so dies Herz zum Opfer biete;
doch baut mein Werben nicht auf eignes, schwächliches
[Bemühn,
sondern allein auf Eure großherzige Güte.
In Euch liegt für mich Hoffnung, Trost, Geborgenheit,
an Euch hängt meine Qual oder Glückseligkeit,
und ich bin, je nachdem, wie Ihr entscheidet,
der, der frohlockt, wenn Ihr es wollt, oder der leidet.

ELMIRE

Galant versteht Ihr es, Euch zu erklären;
doch geb ich zu, daß Eure Worte mich verblüffen.
Mir scheint, Ihr solltet diesen Trieben wehren
und Euch bei einer solchen Absicht besser prüfen.
Jemand so Frommes, und von dem man überall erzählt...

TARTUFFE

Auch wenn ich fromm bin, bin ich doch ein Mann;
wem Eure überirdische Gestalt ins Auge fällt,
der gibt sein Herz gefangen und fängt nicht das Grübeln an.
Ich weiß, daß dieses Wort aus meinem Munde seltsam tönt,
jedoch bedenkt, Madame, ein Engel bin ich nicht,
und ist Euch das Geständnis, das ich ablege, verpönt,
geht einzig mit dem Zauber Eurer Schönheit ins Gericht.
Sogleich als mir ihr strahlend helles Licht erschien,

wart Ihr in meinem Innern unumschränkte Herrscherin;
und Euer Augen unaussprechlich milder Glanz
rang alle Kräfte nieder, die ihm widerstanden;
er siegte über Tränen, Fasten, strengste Observanz
und ließ mein Herz nicht mehr aus seinen Banden.
Mein Blick, mein Seufzen hats Euch tausendmal geoffenbart,
doch jetzt spricht meine Stimme, daß Ihr es erfahrt.
Betrachtet Ihr mit wohlwollender Seele,
wie ich unwürdiger Sklave mich um Euretwillen quäle,
und gönnt Ihr mir, daß Eure Huld sich trostreich zeigt
und sich zu meinem Nichts hinunterneigt,
dann will ich Euch für alle Zeit, o reines Wunderbild,
mit einer Inbrunst dienen, wie sie keiner andern gilt.
Bei mir hat Eure Ehre nie eine Gefahr zu scheuen
und unsere Vertrautheit müßt Ihr nie bereuen.
All jene Liebhaber bei Hof, für die die Frauen schwärmen,
die sich im Reden brüsten und im Handeln lärmen,
sieht man in einem fort mit ihren Siegen prahlen;
sie kosten keine Gunst, ohne sie allen auszumalen,
und ihre lose Zunge, der man noch Vertrauen leiht,
entehrt jenen Altar, dem sich ihr Herz geweiht.
Die Glut von meinesgleichen aber ist ein stilles Feuer,
von dem man weiß, es bleibt für alle Zeit verborgen.
Der Ruf, in dem wir stehn, ist uns so teuer,
daß unsere Geliebte niemals Grund hat, sich zu sorgen,
und nur mit uns erfährt man, wenn man unser Herz entdeckt,
Lust ohne Angst und Liebe, die nie Anstoß weckt.

ELMIRE

Ich hör Euch zu; in Eurem rednerischen Ungestüm
verdeutlicht Ihr mir meine Eure Absicht unverblümt.
Fürchtet Ihr nicht, es käme mir gelegen,
meinem Gemahl zu sagen, welche Liebe Euch entzündet,
und daß die Kenntnis der Gefühle, die sich in Euch regen,
die Freundschaft trübt, die er für Euch empfindet?

TARTUFFE

Ich weiß, daß Ihr für diesen Schritt zu gütig seid
und mir meine Vermessenheit gewiß verzeiht.
Ihr haltet mir die Schwäche alles Menschlichen zugut,
durch die Euch meine Leidenschaft zu sehr bedrängt,
wenn Ihr Euch selbst im Spiegel anschaut und bedenkt:
ich bin nicht blind, ein Mann ist doch aus Fleisch und Blut.

ELMIRE

Hier würden manche vielleicht anders reagieren,
jedoch bin ich diskret und brauche keinen Dritten.
Ich werde meinen Mann nicht informieren;
doch muß ich Euch um eine Gegenleistung bitten:
offen und ehrlich Euren Einfluß drauf zu richten,
daß Mariane Valère alsbald zum Mann erhält;
und selber auf den ungerechten Vorzug zu verzichten,
der Euch über den Anspruch eines andern stellt,
und...

4. SZENE – ELMIRE, DAMIS, TARTUFFE.

DAMIS *kommt aus der kleinen Kammer, in der er versteckt war*

Nein, nein, aller Welt soll das zu Ohren kommen.
Madame, ich habe in der Kammer jedes Wort vernommen;
es ist, als hätte mich der Himmel eigens herbestellt,
um so den Stolz dieses verlognen Kerls zu brechen
und mir die Möglichkeit zu geben, mich zu rächen
für seine dreiste Heuchelei, mit der er uns zum Narren hält.
Ich kläre meinen Vater auf und bringe ihm ans Licht,
wer der Halunke ist, der Euch von Liebe spricht.

ELMIRE

Damis, nein, es genügt, wenn er in Zukunft Einsicht zeigt,
um sich die Milde zu verdienen, die er jetzt erfährt.

Ich gab mein Wort und wünsche darum, daß Ihr schweigt.
Ich lege auf Skandale keinen Wert!
Als Frau wird man doch über derlei Unsinn lachen,
ohne den eignen Mann damit verrückt zu machen.

DAMIS

Nun, Ihr habt Eure Gründe, Euch so zu verhalten;
und ich hab meine, in der Sache anders zu verfahren.
Es ist ein Hohn, läßt man bei ihm noch Gnade walten.
Durch seine Anmaßung und sein verlogenes Gebaren
hat er zu oft schon über meinen Ärger triumphiert;
das Unheil, das er bei uns angerichtet hat, genügt.
Zu lange hat der Schurke meinen Vater kommandiert
und so Valères und meiner Liebe Schaden zugefügt.
Ihn über den Verräter aufzuklären wird es Zeit,
jetzt zeigt der Himmel mir den Weg, der mir Genüge tut.
Ich danke ihm für diese Möglichkeit;
sie ungenutzt zu lassen, ist sie viel zu gut.
Sie würde mir mit Fug und Recht wieder genommen,
wenn ich sie vor mir seh, und dann verpaß ich sie!

ELMIRE

Damis…

DAMIS

Bemüht Euch nicht, ich muß mein Recht bekommen.
Ich fühle mich so glücklich wie noch nie.
Umsonst wollt Ihr mit Worten in mich dringen,
um meinen Durst auf Rache zu beschwichtigen;
ich werde sie, sobald ich kann, zu Ende bringen,
und seh auch schon dafür den Richtigen.

5. SZENE – ORGON, DAMIS, TARTUFFE, ELMIRE.

DAMIS
    Eure Begrüßung können wir mit Neuigkeiten würzen,
    die Euch, mein Vater, sicher in Verwundrung stürzen.
    Für Eure Wohltaten seid Ihr mit Dank bedacht,
    und dieser Herr belohnt Euch Eure Sympathie sehr schön.
    Denn seine Zuneigung hat sich soeben Luft gemacht.
    Er hats auf nichts Geringeres als Eure Ehre abgesehn.
    Ich sah ihn hier in diesem Zimmer vor Madame
    schamlos verwerfliche Gelüste offenbaren.
    Sie ist so gütmütig, daß sie es nicht so wichtig nahm,
    und wollte selbst um jeden Preis Stillschweigen wahren;
    doch ich kann eine solche Dreistigkeit nicht übersehen,
    für mich heißt sie verschweigen: mich an Euch vergehen.
ELMIRE
    So ists, ich glaube, all das alberne Geschwätz
    verdient nicht, daß man seinen Mann in Unruhe versetzt;
    dergleichen kann uns doch niemals entehren,
    solang wir nur verstehen, uns zu wehren;
    so denke ich; hättet Ihr Euch nach mir gerichtet,
    Damis, dann hättet Ihr die Sache nicht berichtet.

6. SZENE – ORGON, DAMIS, TARTUFFE.

ORGON
    O Himmel! Ists zu glauben? Hör ich recht?
TARTUFFE
    Mein Bruder, ja, ich bin ein Sünder, bin von Grund
                                            [auf schlecht,
    ein unglücklicher Frevler voller Lüge und Betrug,
    der größte Missetäter, den jemals die Erde trug.
    Jede Minute meines Lebens ist mit Schmutz befleckt,

142

mein Dasein von Verbrechen und von Lastern ganz bedeckt.
Der Himmel, seh ich, läßt mich hier der Angeklagte sein,
um mich zur Sühne meiner Sünden zu kasteien.
Welch eine Schandtat man mir auch zum Vorwurf macht,
hoffärtig Einspruch zu erheben bin ich nicht bedacht.
Glaubt, was man Euch erzählt, kennt kein Erbarmen,
stoßt mich wie einen Dieb aus Euren Armen.
Häuft Schande über Schande auf mein Haupt,
ich hab sie mehr verdient, als Ihr je glaubt.

ORGON *zu seinem Sohn*
Verräter, wagst du durch dein freches Lügen
der Reinheit seiner Tugend Unrecht zuzufügen?

DAMIS
Was! Nur weil dieser Strolch die Heuchelei nicht läßt,
denkt Ihr, ich...

ORGON
                Bist du still, verfluchte Pest!

TARTUFFE
Ah! Laßt ihn sprechen und glaubt nicht, er habe
                        [Euch belogen,
auf jedes seiner Worte hört genau hin.
Warum seid Ihr mir in der Sache noch gewogen?
Wißt Ihr etwa, wozu ich fähig bin?
Vertraut Ihr, Bruder, meiner äußeren Erscheinung?
Haltet Ihr mich für gut, weils meinem Auftreten entspricht?
Nein, nein, Ihr habt von mir die falsche Meinung,
und der, für den ich angesehen werde, bin ich nicht.
Als Ehrenmann sieht mich ein leichtgläubiges Auge;
jedoch die Wahrheit ist, daß ich nichts tauge.
Er wendet sich zu Damis.
Mein teurer Sohn, ja, sprecht, nennt mich Verräter,
Abschaum, Verbrecher, Mörder, Missetäter;
nennt mich mit noch abscheulicheren Namen;
ich habe sie verdient, ich sage ja und Amen

und dieser Schande will ich mich auf Knien ergeben
als der gerechten Schmach für mein verworfnes Leben.
ORGON *zu Tartuffe*
Wie könnt Ihr nur, mein Bruder!
Zu seinem Sohn.

                             Bleibt dein Herz noch hart,
Verräter?
DAMIS

         Seid Ihr so in sein Geschwätz vernarrt...
ORGON
Still, Galgenstrick!
Zu Tartuffe.

             Mein Bruder, nicht! Erhebt Euch doch.

Zu seinem Sohn.
Halunke!
DAMIS

        Darf er...
ORGON

             Still.
DAMIS

            Ich platze! Was! Jetzt heißts auch noch...
ORGON
Die Knochen brech ich dir, hör ich dich noch einmal!
TARTUFFE
In Gottes Namen, Bruder, sucht den Zorn zu stillen.
Ich dulde lieber selbst die schlimmste Qual,
wird ihm nur ja kein Haar gekrümmt um meinetwillen.
ORGON
Herzloser!
TARTUFFE

       Laßt ihn. Wollt Ihr Euch erweichen lassen,
wenn ich für ihn auf Knien...
ORGON *zu Tartuffe*

           Was? Ihr beliebt zu spaßen?

Zu seinem Sohn.
Schuft, schau sein gutes Herz.

DAMIS

So...

ORGON

Still.

DAMIS

Soll ich...

ORGON

Still, sag ich dir!
Ich weiß, was dich veranlaßt, gegen ihn zu geifern.
Ihr haßt ihn alle, heute seh ich hier
sich Diener, Frau und Kinder gegen ihn ereifern.
Schamlos wird jedes Mittel angewandt,
daß man den frommen Mann aus meinem Haus verbannt;
jedoch je mehr man sich bemüht, ihn fortzuquälen,
will ich ihn desto stärker drängen, hierzubleiben,
und meine Tochter will ich ihm schnurstracks vermählen,
um der Familie den Hochmut auszutreiben.

DAMIS

Man will sie also zu der Hochzeit zwingen?

ORGON

Ja, heut noch, du Schuft, kann ich euch nur in Rage bringen.
Ich nehm es mit euch allen auf und werd euch lehren,
daß man hier mir gehorcht, daß ich hier Herr im Hause bin.
Du bittest ihn, Verzeihung soll er dir gewähren,
reumütig zeige dich, du Lump, vor ihm auf Knien!

DAMIS

Wer, ich? Vor dem Halunken, der mit seiner Lügenmär...

ORGON

Was, du bleibst frech und setzt dich noch zur Wehr?
Strolch! Einen Stock her, einen Stock!
Zu Tartuffe.

Ihr, haltet mich nicht fest.

Zu seinem Sohn.
Genug! Verlasse auf der Stelle dieses Haus,
und daß du dich nur ja nie wieder blicken läßt!

DAMIS
Ich werde gehen, aber...

ORGON
                    Schnell, hinaus!
Dein Erbe, Strauchdieb, kannst du dir woanders suchen,
stattdessen werde ich, dein Vater, dich verfluchen.

7. SZENE – ORGON, TARTUFFE.

ORGON
Zu einem Heiligen derart beleidigend zu sein.

TARTUFFE
O Himmel, alles Leid, das er mir zufügt, sollst du
                                    [ihm verzeihn.
Zu Orgon.
Ach wüßtet Ihr, wie bitter es mir in der Seele brennt,
daß man mich gegenüber meinem Bruder treulos nennt!

ORGON
Weh!

TARTUFFE
        Denke ich an diese Schnödigkeit zurück,
dann duld ich in der Seele solche Not,
empfinde solches Grauen... ich bin so bedrückt,
daß ich kaum reden kann, vielleicht ist das mein Tod.

ORGON *rennt in Tränen zur Tür, zu der er seinen Sohn
hinausgejagt hat*
Was mußte ich noch Milde an dich Strolch verschwenden,
und warum schlug ich dich nicht auf der Stelle nieder!
Mein Bruder, zürnt nicht länger, faßt Euch wieder.

TARTUFFE
O diese Zwietracht, diesen Hader laßt uns enden!
Ich sehe, wieviel Unfrieden ich diesem Hause bringe,
und glaube, es wär besser, wenn ich ginge.
ORGON
Wie das? Ihr scherzt!
TARTUFFE
                    Man haßt mich, und ich muß entdecken,
daß man versucht, Mißtrauen gegen mich in Euch zu wecken.
ORGON
Und wenn? Läßt sich mein Herz etwa davon beirren?
TARTUFFE
Man hat gewiß nicht vor, in Zukunft damit aufzuhören.
Und die Berichte, die Euch jetzt zunächst empören,
vermögen Euch am Ende doch noch zu verwirren.
ORGON
Mein Bruder, nie.
TARTUFFE
                    Ach, Bruder, eine Frau wird immer Wege finden,
den Mann an ihrer Seite hinters Licht zu führen.
ORGON
Nein nein.
TARTUFFE
                    O laßt mich ihnen rasch durch mein Verschwinden
den Anlaß nehmen, mich derart zu attackieren.
ORGON
Ihr bleibt in meinem Haus, es gilt mir Tod und Leben!
TARTUFFE
Wohlan, ich muß mich dieser Prüfung wohl ergeben.
Doch wollt Ihr wohl...
ORGON   Ah!
TARTUFFE
                    Gut, es bleibt bei Euerem Entschluß.
Doch weiß ich, wie ich mich verhalten muß.

Die Ehre ist ein heikler Punkt, und meine Freundschafts-
                                                        [pflicht
ists, Euch zu schützen auch vor jedem noch so
                                        [haltlosen Gerücht.
Ich meide Eure Gattin, und Ihr seht mich nie...

ORGON

Nein, der Familie zum Trotz, tagtäglich trefft Ihr sie.
Ich bin ja froh, wenn alle hier vor Ärger kochen,
und darum sollt Ihr stets vor aller Augen um sie sein.
Ja mehr: um deutlich auf mein Recht zu pochen,
bestimme ich, mein Erbe seid Ihr ganz allein.
Die notwendigen Schritte mach ich heute schon,
um Euch meinen Besitz restlos zu überschreiben.
Hab ich nur einen Freund, und noch dazu als Schwiegersohn,
dann können Kinder, Frau und Eltern mir gestohlen bleiben.
Jetzt sagt mir, nehmt Ihr meinen Vorschlag an?

TARTUFFE

Das, was der Himmel will, das sei getan!

ORGON

Der arme Mann! Ich wills mit Brief und Siegel gleich fixieren,
und alle Neider sollen nur vor Wut krepieren.

1. SZENE – CLEANTE, TARTUFFE.

CLEANTE
  Ja, alles spricht davon; das Aufsehn, das der Fall erregt,
  das glaubt mir nur, wird Euch nicht eben rühmlich ausgelegt,
  und ich bin froh, Monsieur, Euch hier zu finden,
  damit ich Euch kurz meine Meinung sagen kann.
  Was man berichtet, kann ich nicht im einzelnen ergründen;
  es sei dahingestellt, und nehmen wir das Schlimmste an.
  Gesetzt, Damis hat sich unehrenhaft verhalten,
  und Unrecht wars von ihm, Euch anzuklagen.
  Läßt nicht ein Christ gegen die Kränkung Milde walten,
  anstatt sie voller Rachsucht nachzutragen?
  Und nur weil es um Euren Vorteil geht bei diesem Streit,
  macht Ihr den Sohn in seines Vaters Haus zum Heimatlosen?
  Ich sag es noch einmal in aller Offenheit,
  daß Groß und Klein sich über den Skandal erbosen.
  Hört Ihr auf mich, dann laßt Ihr alles werden, wie es war,
  und treibts nicht soweit, daß das Äußerste geschieht.
  Bringt Euere Empörung Gott zum Opfer dar,
  wenn nur der Vater seinen Sohn in Güte wiedersieht.
TARTUFFE
  Je nun, von mir aus täte ich das liebend gern,
  Monsieur, denn gegen jede Rachsucht weiß ich mich immun;
  ich habe ihm verziehn, ihm etwas vorzuwerfen, liegt mir fern,
  und was in meiner Macht steht, würd ich gerne für ihn tun;
  allein der Himmel sagt dazu wohl schwerlich Ja.
  Kehrt er hierher zurück, ist meines Bleibens nicht;
  denn seine Tat, wie man so frech noch keine sah,
  rückt unsern Umgang in ein anstößiges Licht:
  Gott weiß, welch eine Meinung davon bliebe;

man legte ihn mir aus als listigen Kalkül.
Es hieße überall, ich heuchle Nächstenliebe
zu meinem Ankläger aus Schuldgefühl;
ich sei voll Furcht und zeige mich ihm nur geneigt,
um heimlich darauf hinzuwirken, daß er schweigt.

CLEANTE

Schönfärberisch sucht Ihr Entschuldigungen vorzubringen,
und sehr weit hergeholt, Monsieur, sind Eure Gründe;
warum habt Ihr Euch zu des Himmels Anwalt
                                    [aufzuschwingen?
Bestraft er nicht auch ohne uns die Sünde?
Ihn selbst, ihn selbst laßt sich an seinen Feinden rächen,
denkt nur an sein Geheiß, daß wir den Schuldigen verzeihn,
und achtet nicht auf alles, was die Leute sprechen,
wenns gilt, des Himmels obersten Geboten treu zu sein.
Wie auch! Die Angst vor dem, was andre vielleicht glauben,
soll uns den Ruhm der guten Tat nicht mehr erlauben?
Nein nein, laßt uns nur immer auf des Himmels
                                    [Weisung hören
und uns an keiner andern Rücksicht stören.

TARTUFFE

Ich sagte schon, Monsieur, ich habe ihm vergeben,
ich tue also, was der Himmel mir befahl;
jedoch nach d e m Affront und peinlichen Skandal
befiehlt der Himmel mir wohl nicht, mit ihm zu leben.

CLEANTE

Monsieur, befiehlt er, daß Ihr Euch empfänglich zeigt
für das, was seines Vaters Launenhaftigkeit entspringt,
und daß Ihr duldet, daß man Euch ein Erbe überschreibt,
welches die Billigkeit Euch abzulehnen zwingt?

TARTUFFE

Niemandem, der mich kennt, käms jemals in den Sinn,
ich sähe es aus Habgier gern in meinen Händen.
Nichts zieht mich zu den Gütern dieser Erde hin,

ihr trügerischer Glanz kann mich nicht blenden;
wenn ich mich dennoch durchgerungen habe
zum Ja zur Schenkung, deren man mich hier für würdig hält,
so, wenn ich ehrlich bin, aus Angst, daß diese Gabe
womöglich sonst in schlimme Hände fällt;
daß andre, denen es gelingt, sie einzustecken,
diesen Besitz vielleicht an Weltliches verschwenden
und ihn, im Gegensatz zu meinen Zwecken,
nicht für des Himmels Ruhm, des Nächsten Wohl verwenden.

CLEANTE
Monsieur, warum müßt Ihr die Skrupel derart überspitzen,
daß der gesetzmäßige Erbe Anlaß hat, zu klagen?
O laßt ihn, ohne Euch mit fremden Sorgen abzuplagen,
auf eigene Gefahr sein Hab und Gut besitzen.
Bedenkt, selbst daß er es mißbraucht, ist nicht zu unliebsam,
als daß man Euch beschuldigt, es ihm wegzunehmen.
Ich wundre mich, daß Ihr ganz ohne Scham
bereit wart, Euch zu einem solchen Vorschlag zu bequemen.
Gilt es denn als Maxime für den wahren Glauben,
den Nächsten seines rechtmäßigen Erbes zu berauben?
Und wenn Ihr nach des Himmels Weisung so darauf besteht,
in Zukunft mit Damis nicht mehr das Haus zu teilen,
wärs dann von Euch nicht wahrhaftig diskret,
Euch jetzt zu einem ehrenhaften Rückzug zu beeilen,
statt daß Ihr wider jegliche Vernunft ertragt,
daß man den Sohn um Euretwillen aus dem Hause jagt,
und Euer Ruf als Tugendmuster, glaubt es mir,
Monsieur...

TARTUFFE
              Monsieur, es ist bereits halb vier;
ich muß nach oben, denn es ruft mich eine fromme Pflicht.
Drum, wenn ich Euch so rasch verlasse, zürnt mir nicht.

CLEANTE
Ah!

2. SZENE – ELMIRE, MARIANE, DORINE, CLEANTE.

DORINE

Bitte sucht Euch mit uns für sie zu verwenden,
Monsieur, sie sieht schon keinen Ausweg mehr in ihrer Not;
jener Vertrag, der ihr vom Vater für heut abend droht,
läßt ihre Tränen, ihren Jammer nicht mehr enden.
Er kommt. Bemühn wir uns gemeinsam, daß es uns gelingt,
mit List oder Gewalt den Plan zu überwinden,
der uns hier alle aus der Fassung bringt.

3. SZENE – ORGON, ELMIRE, MARIANE, CLEANTE, DORINE.

ORGON

Ach, ich bin entzückt, Euch hier versammelt vorzufinden.
Zu Mariane.
Zu Eurer Freude bring ich Euch einen Vertrag.
Ich glaub, Ihr wißt auch schon, was das bedeuten mag.

MARIANE *auf Knien*

Mein Vater, in des Himmels Namen – denn er
                              [kennt mein Leid –,
und bei all dem, was noch zu Eurem Herzen spricht,
beharrt nicht auf dem Recht, das Euch Natur verleiht,
entbindet meine Liebe der Gehorsamspflicht.
Seid nicht in Eurer Forderung so hart,
daß ich bejammern muß, was ich Euch schulde;
und laßt nicht zu, daß ich das Leben, das mir durch Euch ward
durch Euch, mein Vater, als mein Leid erdulde.
Wollt Ihr, wider die Hoffnung, die mir einmal möglich schien,
mich nicht dem, den ich liebe, angehören lassen,
bewahrt mich gütig, darum bitte ich auf Knien,
vor jener Qual, dem zu gehören, den ich hasse,
und bringt nicht Not und Elend über mich,
indem Ihr drauf besteht, all Eure Macht jetzt auszuüben.

ORGON
er fühlt Rührung
Sei nur nicht schwach, mein Herz, bleib unerschütterlich!
MARIANE
Daß Ihr ihm Freund seid, kann mich nicht betrüben,
zeigt es nur offen, gebt ihm alles, was Ihr habt,
gebt ihm auch das, was ich besitze, wenn es nicht genügt.
Ich bin dazu bereit und trete es Euch gerne ab.
Jedoch geht nicht so weit, daß Ihr auch über mich verfügt,
und laßt mich freudlos hinter Klostermauern
die Tage enden, die der Himmel mir zu leben auferlegt.
ORGON
Die Töchter nenn ich mir die rechten Ordensfrauen,
für deren Liebschaften der Vater kein Verständnis hegt!
Nur Mut! Ist Überwindung für das Ja zu ihm vonnöten,
erfüllt Ihr desto besser Euer Opfersoll.
Sucht denn in dieser Ehe Eure Sinne abzutöten
und jammert mir nicht mehr die Ohren voll.
DORINE
So wird…
ORGON
                    Seid still, Euch hat man nicht gefragt.
Ihr sagt ab jetzt in dieser Sache keinen Ton!
CLEANTE
Doch wenn Ihr als Entgegnung einen Rat vertragt…
ORGON
Nun, Schwager, Euer Rat ist gut, das weiß ich schon:
er ist klug ausgedacht, ich schätze ihn auch sehr;
doch leider habe ich dafür keine Verwendung.
ELMIRE
Wenn ich das alles sehe, weiß ich keine Antwort mehr
und staune nur noch über Euere Verblendung.
Ihr müßt ja ganz verschossen in ihn sein,
zu glauben, was sich heute zutrug, sei von uns erlogen.

ORGON
Nun, Euer Diener, aber ich vertrau dem Augenschein.
Ich weiß ja, meinem Galgenvogelsohn seid Ihr gewogen,
so daß Ihr es nicht gerne ruchbar werden laßt,
was er im Schilde führte mit dem armen Mann.
Um glaubwürdig zu sein, wart Ihr auch zu gefaßt,
denn andernfalls säh man Euch die Erregung deutlich an.
ELMIRE
Weil jemand uns seine Verliebtheit eingesteht,
muß unsre Ehre gleich aufs äußerste gewappnet sein?
Und muß man sofort, wenn es darum geht,
stets augenrollend vor Empörung Feuer spein?
Ich muß bei einem solchen Antrag einfach lachen,
und der Skandal darum ist mir ein Grauen.
Ich möchte, daß wir kein Geschrei um unsre Tugend machen,
und darum bin ich nicht für jene prüden Frauen,
die stets mit Klauen und Zähnen über ihre Ehre wachen
und schon beim ersten Wort dem andern an die Gurgel fahren.
Mag mir der Himmel solche Tugendhaftigkeit ersparen.
Ich wünsche Reinheit, aber nicht als unnahbarer Drachen,
und bin gewiß, mit taktvoller und unbeirrter Kühle
erwehrt man sich sehr wohl zudringlicher Gefühle.
ORGON
Mich hält man nicht zum Narren, denn ich weiß Bescheid.
ELMIRE
Ich finde Eure Schwäche immer wieder sonderbar.
Doch was entgegnete mir Eure Unbeirrbarkeit,
ließ ich Euch sehn: was man Euch sagt, ist wahr?
ORGON
Sehn?
ELMIRE
      Ja.
ORGON
      Gerede!

ELMIRE   Wie! Wüßt ich es anzufangen,
   daß Ihr es deutlich seht, im klarsten Licht?...
ORGON
   Geschwätz!
ELMIRE
                Was für ein Mann! Verweigert doch die Antwort nicht.
   Nicht einmal Glauben wollen wir von Euch verlangen;
   doch nehmen wir nur an, wir fänden einen Ort,
   von dem aus alles klar zu sehen und zu hören wäre:
   was sagt Ihr dann zu Eurem Mann von Ehre?
ORGON
   Dann sage ich... ich sage nicht ein Wort;
   Es k a n n nicht sein.
ELMIRE
                      Es reicht mit dem Betrug,
   und Lügnerin will ich nicht länger heißen.
   Ich werde Euch zuliebe ohne weiteren Verzug
   unwiderlegbar, was wir sagen, auch beweisen.
ORGON
   Ich nehme Euch beim Wort und laß mich überraschen,
   wir werden sehen, ob Ihr Euer Ziel erreicht.
ELMIRE *zu Dorine*
   Ruft ihn herbei.
DORINE
                Mit allen Wassern ist der Kerl gewaschen;
   ihn zu entlarven ist bestimmt nicht leicht.
ELMIRE
   Dem, den man liebt, geht man gern in die Falle,
   und gehts um Eigenliebe, glaubt man manche Mär.
   Laßt ihn jetzt kommen.
   Zu Cléante und Mariane.
                      Ihr, verlaßt uns alle.

4. SZENE – ELMIRE, ORGON.

ELMIRE
　Ihr müßt unter den Tisch; ziehn wir ihn her.
ORGON
　Was?
ELMIRE
　　　Daß Ihr Euch versteckt, ist wichtig bei der Prozedur.
ORGON
　Und warum unter diesem Tisch?
ELMIRE
　　　　　　　　Ah, macht es nur,
　ich habe einen Plan; beurteilt später meine List.
　Versteckt Euch, sage ich, und paßt vor allem auf,
　daß nichts von Euch zu sehen und zu hören ist.
ORGON
　Ich gebe zu, in diesem Fall nehme ich viel in Kauf,
　doch wie Ihrs schaffen wollt, möcht ich erleben.
ELMIRE
　Ich glaube, danach müßt Ihr Euch geschlagen geben.
　Zu ihrem Mann unter dem Tisch.
　Ich bringe das Gespräch auf sonderbare Themen,
　jedoch dürft Ihr mir das nicht übelnehmen.
　Was ich auch sagen mag, es werde mir verziehn,
　denn es geschieht, um Euch zur Einsicht zu bewegen.
　Ich will durch Schmeichelei, weil ich dazu gezwungen bin,
　den Heuchler dazu bringen, seine Maske abzulegen,
　ihm vorgaukeln, daß er sich Hoffnung machen darf,
　und seinen zudringlichen Wünschen geb ich freie Bahn.
　Da ich ja – nur für Euch, damit er sich entlarvt –
　so tu, als sei ich sehr von seiner Werbung angetan,
　laß ich, sobald I h r überzeugt seid, die Vertraulichkeiten;
　und wie weit alles geht, liegt ganz in Euren Händen.
　Es ist an Euch, gegen sein Treiben einzuschreiten,

sobald Ihr wünscht, die Sache zu beenden,
Euere Frau zu schonen und sie nur dem auszusetzen,
was nötig ist, daß Ihr die Wahrheit über ihn entdeckt.
Es geht um Euch und folgt ganz Eueren Gesetzen,
und Ihr... Man kommt; seid still und haltet Euch versteckt.

5. SZENE – TARTUFFE, ELMIRE, ORGON
unterm Tisch versteckt.

TARTUFFE
Ich wünscht, hört ich, hier ein Gespräch mit mir zu führen.
ELMIRE
Ja, ein Geheimnis möchte ich Euch anvertrauen.
Jedoch bevor ich es Euch sage, schließt die Türen
und schaut Euch um, um jeder Überraschung vorzubauen.
Denn eine böse Sache wie die eben
ist wohl ein zweites Mal nicht angebracht.
So eine Überraschung hats noch nie gegeben.
Damis hat mir um Euch entsetzlich Angst gemacht:
Ihr habt gesehn, ich habe alles ausprobiert,
ihm seine Absicht auszureden und den Zorn zu brechen.
Im ersten Augenblick war ich zwar zu schockiert,
um dran zu denken, ihm zu widersprechen,
doch so ists, Gott sei Dank, noch besser ausgegangen,
und wir sind in noch größrer Sicherheit.
Der Ruf, den Ihr genießt, hat das Gewitter abgefangen,
bei meinem Mann seid Ihr vor jeglichen Verdacht gefeit.
Zum Hohn auf das Geschwätz der bösen Zungen
will er uns jeden Augenblick zusammen wissen.
So ists mir, ohne daß ich Tadel fürchten muß, gelungen,
mich ganz allein mit Euch in diesem Zimmer einzuschließen,
und darum leg ich Euch ein Herz ganz offen dar,
das Eure Leidenschaft vielleicht zu früh gestattet.

TARTUFFE

Madame, was ich da höre, wirkt auf mich sehr sonderbar,
nachdem Ihr Euch erst anders ausgesprochen hattet.

ELMIRE

Ah, zürnt Ihr schon bei einem solchen Nein,
dann ist das Herz der Frau Euch schlecht bekannt!
Wie wenig wißt Ihr demnach, was es meint,
begegnet es dem Angriff mit so schwachem Widerstand!
Stets kämpft in solchen Augenblicken unser Schamempfinden
gegen das zärtliche Gefühl, das andre in uns wecken.
Gleich welchen Grund wir auch für unsre Liebe finden,
die Zucht macht es uns immer schwer, uns zu entdecken.
Erst kämpft man; aber wie man sich dabei verhält,
macht deutlich, daß sich unser Herz als schwach erweist,
daß nur der Mund sich unserm Gefühl entgegenstellt
und daß ein solches Nein sehr viel verheißt.
Ihr seht mich diese Dinge hier recht frei bekennen
und unsrer Schamgefühle wenig achten;
jedoch wenn wir das alles schon beim Namen nennen,
was, glaubt Ihr, ließ mich nach Damis' Stillschweigen trachten?
Ich bitt Euch, hätt ich Eurem Antrag mit Entgegenkommen
so aufmerksam gelauscht vom Anfang bis zum Ende
und hätt ich ihn, wie Ihr erlebt habt, aufgenommen,
wenn ich die Werbung nicht sehr reizvoll fände?
Und dann, als ich Euch dazu zwingen wollte,
auf die geplante Hochzeit zu verzichten,
was wars, was dieser Schritt Euch übermitteln sollte,
wenn nicht Gefühle, die sich auf Euch richten,
und Ärger, durch die so beschloßne Ehe
ein Herz zu teilen, was man lieber ganz sein eigen sähe?

TARTUFFE

Madame, es ist gewiß das höchste der Vergnügen,
aus dem geliebten Munde solche Worte zu vernehmen;
durch meine Sinne läßt ihr süßer Klang in vollen Zügen

eine noch nie gekostete Erquickung strömen.
Das Glück, Euch zu gefallen, ist mein oberstes Bestreben,
und was Ihr wünscht, das muß mein Herz entzücken;
doch diesem Herzen solltet Ihr die Freiheit geben,
an seiner Seligkeit noch Zweifel auszudrücken.
Es könnte sein, daß Eure Worte eine Kriegslist wären,
mich zu bewegen, mit der mir bestimmten Braut zu brechen,
und soll ich mich Euch unverblümt erklären,
ich baue nicht auf dieses schmeichelnde Versprechen,
bevor Ihr mir durch jene Gunst, nach der ich mich verzehr,
für Euer Wort nicht sichere Beweise gabt
und meiner Seele unumstößliche Gewähr
für jene huldvollen Gefühle, die Ihr für mich habt.

ELMIRE *hustet, um ihren Mann aufmerksam zu machen*
Wie das! Mit solchem Ungestüm wollt Ihr zum Ziel?
Über die Neigung eines Herzens gleich restlos verfügen?
Ein süßes Eingeständnis macht man Euch, so schwer es fiel,
und kann doch Eurem Anspruch nicht genügen;
was man auch tut, Ihr wollt Euch nicht zufrieden geben,
ohne den letzten Gunstbeweis gleich anfangs zu erleben?

TARTUFFE
Auf Glück, das man nicht wert ist, wagt man nicht zu hoffen.
Unserm Verlangen fällt es schwer, nur auf das Wort zu bauen.
Man glaubt nicht gleich, der Glanz des Paradieses
                                    [steh uns offen:
man will ihn erst genießen und ihm dann vertrauen.
Ich, der ich meine, Eurer Huld sei ich so wenig wert,
ich zweifle an dem Glück meiner Vermessenheiten.
Madame, nicht eher glaub ich, bis Ihr Euch gewillt erklärt,
dem Zweifel durch die Tat ein Ende zu bereiten.

ELMIRE
O Himmel, Eure Liebe führt sich auf wie ein Tyrann;
mit welchem Sturm sie mir den Sinn verstört!
Wie wütet sie mit Herzen, über die sie Macht gewann,

wie heftig fordert sie, was sie begehrt!
So kann man Eurem Drängen nichts entgegenhalten?
Verlangt der Wunsch nach einer Atempause schon zuviel?
Läßt denn ein Mann von Anstand solchen Starrsinn walten,
daß er das ohne Aufschub fordert, was er will,
und darauf drängt, sich jener Schwäche zu bedienen,
von der er sieht, daß andere sie für ihn hegen?

TARTUFFE
Wenn Ihr mein Werben hoffen laßt, Euch zu gewinnen,
was stellt Ihr Euch dem sicheren Beweis entgegen?

ELMIRE
Wie soll man sich zu dem, was Ihr verlangt, bereit erklären,
ohne den Himmel, den Ihr stets im Mund führt, zu verletzen?

TARTUFFE
Läßt Euch allein der Himmel mir den Wunsch verwehren,
so weiß ich mich darüber leicht hinwegzusetzen:
dies Hindernis muß Euer Herz in keiner Weise scheuen.

ELMIRE
Es droht uns Strafe, wenn wir sein Gebot nicht halten.

TARTUFFE
Madame, die lächerlichen Skrupel weiß ich zu zerstreuen,
und ich versteh die Kunst, Gewissensbisse auszuschalten.
Dem Himmel sind bestimmte Freuden zwar verpönt,
Es redet ein Schurke.
doch kommt man auch mit ihm zu Kompromissen.
Es gibt Methoden, wie man je nach den Erfordernissen
die Bande des Gewissens etwas dehnt:
das Böse, welches in der Handlung selber steckt,
rechtfertigt sich durchs Ziel, das sie bezweckt.
Diese Geheimnisse werd ich Euch später unterbreiten,
Madame, jetzt laßt Euch nur in allem von mir leiten.
Stillt mein Verlangen und seid nicht verzagt;
ich trage die Verantwortung und steh für alles ein.
Ihr hustet sehr, Madame.

ELMIRE

Ja, ich bin sehr geplagt.

TARTUFFE

Darf es vielleicht ein Stück Lakritze sein?

ELMIRE

Ich seh, daß die Erkältung wohl nicht weicht,
und fürchte, mit Lakritze wird da nichts erreicht.

TARTUFFE

Nun, das ist ärgerlich.

ELMIRE

Ihr glaubt gar nicht, wie sehr!

TARTUFFE

Kurz, die Bedenken auszuräumen fällt nicht schwer;
Ihr seid gewiß, daß niemand uns in diesem Raum entdeckt,
und böse ist nur das, was Aufsehen erregt.
Daß andre Anstoß nehmen, bildet das Vergehn
und Sünden, die man heimlich tut, sind nicht geschehn.

ELMIRE

nachdem sie abermals gehustet hat

Ich seh, es bleibt mir keine andre Wahl, als nachzugeben
und Euerm Drängen alles zu gewähren;
denn tu ichs nicht, darf ich den Anspruch nicht erheben,
den Zweifelnden zum Glauben zu bekehren.
Es ist mir sehr zuwider, es so weit zu treiben,
und diesen Schritt hätt ich mir gern erspart;
da man jedoch mit aller Macht darauf beharrt
und alle meine Worte fruchtlos bleiben,
da man Beweise will, die schlagend überzeugen,
muß ich mich wohl entschließen und dem Anspruch beugen.
Wenn dieses Ja ein Unrecht mit sich bringt,
fällts dem zur Last, der mich zu dieser Übertretung zwingt.
Die Schuld daran trifft sicherlich nicht mich.

TARTUFFE

Die überlaßt nur mir. Die Sache ist an sich...

ELMIRE

Ich bitte Euch, schaut einmal aus der Türe,
ob nicht mein Mann im Flur ist, um uns nachzuspüren.

TARTUFFE

Was braucht Euch Euer Mann zu irritieren?
Man kann sich, unter uns, alles mit ihm erlauben.
Wir werden uns mit ihm noch köstlich amüsieren;
ich brachte ihn soweit, den eignen Augen nicht zu glauben.

ELMIRE

Trotzdem. Entfernt Euch bitte für einen Moment
und schaut, ob Ihr nicht doch etwas erkennt.

6. SZENE – ORGON, ELMIRE.

ORGON

kriecht unter dem Tisch hervor
Der Kerl ist in der Tat ein Bösewicht!
Ich bin erschlagen, nein, ich faß es nicht!

ELMIRE

Ihr kommt so rasch heraus? Ihr haltet uns zum Narren!
Kriecht wieder unter Euren Tisch! Es ist noch
[nichts gewesen.
Versteckt Euch bis zum Schluß, um Sichres zu erfahren,
und stützt Euch nicht auf irgendwelche Hypothesen.

ORGON

Nichts Schlimmeres ist aus der Hölle selbst
[hervorgekrochen.

ELMIRE

Mein Gott, leicht ist ein Urteil vorschnell ausgesprochen;
bevor Ihr Euch geschlagen gebt, solltet Ihr sichergehn,
Geduld schützt Euch vor einem peinlichen Versehn.
Sie stellt sich vor ihren Mann.

7. SZENE – ELMIRE, ORGON.

TARTUFFE
Alles, Madame, steht günstig für mein Glück:
ich habe alle Räume sorgsam inspiziert
und niemanden gesehn; beseligt komme ich zurück…

ORGON
Gemach, Ihr seid von Eurer Liebesglut zu rasch verführt.
Geratet lieber nicht so sehr in Brand.
Ah ah, Ihr Ehrenmann, Ihr haltet Euch für schlau!
Wie wenig leistet Ihr einer Versuchung Widerstand!
Ihr möchtet meine Tochter frein und giert nach meiner Frau.
Ich habe lang gezweifelt, ob es wirklich stimmt,
und war gespannt, ob das Gespräch noch eine Wendung
[nimmt.
Doch der Beweis ist weit genug gegangen:
ich halte mich daran, mehr will ich nicht verlangen.

ELMIRE *zu Tartuffe*
Ich tat das alles gegen meinen Willen,
doch hat man mich dazu gebracht, Komödie zu spielen.

TARTUFFE
Wie das! Ihr glaubt…

ORGON
                            Ich bitte Euch, nur kein Geschrei,
packt Eure Sachen, und zwar ohne Abschiedslitanei!

TARTUFFE
Ich wollte…

ORGON
                    Spart Euch jedes weitere Wort.
Verlaßt sogleich mein Haus und schert Euch fort.

TARTUFFE
Ihr selbst verlaßt es, Ihr, der es hier wagt, als Herr zu reden.
Das Haus ist mein, das mache ich bekannt
und zeig Euch, daß man, um mich zu befehden,

vergebens einen heimtückischen Fallstrick spannt,
daß man nicht weiß, woran man ist, mich so zu schmähn;
daß ich die Mittel hab, mich vor Betrügern vorzusehn
und den geschmähten Himmel und mich selbst zu rächen
an dem, ders wagt, mir hier das Hausrecht abzusprechen.

8. Szene – Elmire, Orgon.

ELMIRE
Was soll das heißen, sind Euch seine Worte klar?
ORGON
Ich bin perplex, das Lachen ist mir jetzt vergangen.
ELMIRE
Was ist?
ORGON
      Jetzt seh ich, welcher Narr ich war,
und der Gedanke an die Schenkung läßt mich bangen.
ELMIRE
Die Schenkung?…
ORGON
      Ja, die Sache ist perfekt.
Doch ist da noch was anderes, was mich erschreckt.
ELMIRE
Das wäre?
ORGON
      Gleich erfahrt Ihr alles; erst muß ich nach oben,
ich hatte dort eine Kassette aufgehoben.

FÜNFTER AKT

1. SZENE – ORGON, CLEANTE.

CLEANTE
  Wo rennt Ihr hin?
ORGON
                    Wenn ich das wüßte!
CLEANTE   Wichtig scheint mir jetzt,
  daß man sich erst einmal zusammensetzt
  und überlegt, wie man sich zu verhalten hätte.
ORGON
  Ich finde keine Ruhe wegen der Kassette;
  sie muß mir mehr als alles andre Sorgen machen.
CLEANTE
  Anscheinend birgt sie höchst bedeutungsvolle Sachen.
ORGON
  Ich habe sie für meinen armen Freund Argas verwahrt.
  Als Flüchtling hat er heimlich sich an mich gewandt
  und sie mir anvertraut vor seiner Fahrt.
  Es handelt sich um Dokumente, wenn ich recht verstand,
  an denen sein Vermögen und sein Leben hängt.
CLEANTE
  Was überlaßt Ihr sie dann fremden Händen?
ORGON
  Damit mich notfalls mein Gewissen nicht bedrängt.
  Ich mußte mich sofort damit an den Verräter wenden,
  und der gab mir den damals einleuchtenden Rat,
  daß e r am besten die Kassette an sich nähme;
  dann hätte ich, falls es zur Untersuchung käme,
  gleich eine gute Ausweichmöglichkeit parat,
  zu schwören, ohne daß es mein Gewissen je belastet,
  ich hätte die Kassette niemals angetastet.

CLEANTE

Ihr seid, wenn mich nicht alles täuscht, in einer üblen Lage.
Daß Ihr ihm die Kassette gebt und diese Schenkung macht,
das war, wenn ich Euch offen meine Meinung sage,
als Vorgehnsweise äußerst unbedacht.
Mit solchen Trümpfen weiß er Euch gewaltig einzuheizen,
und da er alle Vorteile für sich verbucht,
war es nicht klug, ihn bis zum äußersten zu reizen;
Ihr hättet besser einen Kompromiß gesucht.

ORGON

Was! Hinter einem Äußern, das so heilig schien,
kann ein so falsches Herz zum Vorschein kommen!
Und ich, als Bettler aus der Gosse zog ich ihn...
Es reicht! Ich bin bedient mit allen Frommen.
Ich werde sie in Zukunft hassen wie die Pest
und wie ein Teufel sein, wenn so einer sich blicken läßt!

CLEANTE

Schon wieder müßt Ihr gleich über die Stränge schlagen!
Zu Maß und Ziel könnt Ihr Euch einfach nicht bequemen;
den goldnen Mittelweg könnt Ihr niemals ertragen,
nein, Ihr bewegt Euch lieber in Extremen.
Ihr habt erkannt, Ihr wart im Irrtum, und seht ein,
daß Eure Achtung einem abgefeimten Schurken galt.
Doch welcher Grund verlangt, wollt Ihr in Zukunft
                                     [klüger sein,
daß Ihr einem noch schlimmern Irrglauben verfallt,
indem Ihr jetzt das Herz eines verlognen Taugenichts
mit dem ehrbarer Menschen auf dieselbe Stufe stellt?
Wie! Nur weil Euch ein Schuft zum Narren hält
mit der verlognen Maske eines Heiligengesichts,
glaubt Ihr sogleich, es seien alle so wie er
und wahre Fromme gäb es heut nicht mehr?
Laßt Freigeister dergleichen Schlüsse ziehn,
trennt echte Tugend von dem äußern Schein,

166

werft Eure Hochachtung nicht dem Erstbesten hin
und seid bedacht, stets in dem richtigen Milieu zu sein.
Bewahrt, wenn Ihr es könnt, gegen Betrüger Vorbehalt;
aber verletzt darum nicht wahre Frömmigkeit,
und wenn Ihr schon stets in Extreme fallt,
geht lieber noch im ersteren zu weit.

2. SZENE – DAMIS, ORGON, CLEANTE.

DAMIS
Mein Vater, ist es wahr, daß Ihr bedroht seid von dem Schuft,
und daß er sich um Eure Wohltaten nicht schert?
Daß seine Frechheit, die nach Strafe ruft,
das, was er Euch verdankt, in Waffen gegen Euch verkehrt?
ORGON
So ists, mein Sohn, ich hab Entsetzliches zu leiden.
DAMIS
Ich weiß ihm schon die Ohren abzuschneiden.
Gebt nur nicht nach, wie sehr er Euch auch droht.
Ich nehme mich an Eurer Stelle seiner an.
Damit der Ärger aufhört, schlage ich ihn tot.
CLEANTE
Aus Euch spricht ganz der heißblütige junge Mann.
Ich bitt Euch, zügelt Eure Unbesonnenheit;
wir leben unter einem Herrscher und zu einer Zeit,
in der Gewalt und Faustrecht nichts erbringen.

3. SZENE – MADAME PERNELLE, MARIANE, ELMIRE, DORINE,
DAMIS, ORGON, CLEANTE.

MADAME PERNELLE
Was ist hier los? Ich hör von höchst geheimnisvollen Dingen.
ORGON
Vor meinen Augen ist die Neuigkeit passiert;
Ihr seht, wie man mir meine Güte lohnt.
Ich nehme einen Menschen auf, weil seine Not mich rührt,
erlaube, daß er wie ein Bruder bei mir wohnt,
tagtäglich tue ich ihm alles Gute an;
die Tochter geb ich ihm, lasse ihm alles ihm überschreiben,
und gleichzeitig versucht der Schuft, der Scharlatan,
ganz schamlos, es mit meiner Frau zu treiben.
Doch nicht genug mit diesem Liebeswerben,
er droht auch noch mit dem, was ich ihm Gutes tat:
mit eben jenen Waffen will er mich verderben,
die ihm mein Leichtsinn an die Hand gegeben hat,
mir das entreißen, was ich ihn besitzen ließ,
und mich in jenes Elend stoßen, dem ich ihn entriß.
DORINE
Der arme Mann!
MADAME PERNELLE
                    Mein Sohn, ich glaub auf keinen Fall,
ein Mensch wie er kann sich so frevelhaft betragen.
ORGON
Wie?
MADAME PERNELLE
          Mißgunst gegen Ehrbarkeit sitzt überall.
ORGON
Was, Mutter, wollt Ihr mit den Worten sagen?
MADAME PERNELLE
Man lebt bei Euch auf eine sonderbare Art:
ich weiß den Haß, den man für ihn empfindet.

ORGON
Was hat der Haß mit dem zu tun, was Ihr von mir
[erfahrt?
MADAME PERNELLE
Als Kind hab ich Euch hundertmal verkündet:
auf dieser Welt hat es die Tugend immer schwer;
die Neider sterben, doch der Neid geht nie zugrunde.
ORGON
Und was meint das in unsrer Sache, bitte sehr?
MADAME PERNELLE
Erlogene Geschichten machen über ihn die Runde.
ORGON
Ich hab Euch doch gesagt, ich hab es selbst gesehn.
MADAME PERNELLE
Die Arglist hat kein Ende, wenn Verleumder sprechen.
ORGON
Ihr raubt mir die Geduld, Mutter! Ich muß darauf bestehn:
mit eignen Augen sah ich das Verbrechen!
MADAME PERNELLE
Die bösen Zungen müssen stets ihr Gift verspritzen,
und niemand hier auf Erden kann sich davor schützen.
ORGON
Was Ihr da schwatzt, ist ohne jeden Sinn.
Mit eignen Augen hab ich es gesehn, sag ich, gesehn!
Das, was man sehen nennt! Wann hört Ihr endlich hin?
Wenn man es hundertmal erzählt und brüllt wie zehn?
MADAME PERNELLE
Mein Gott, der Augenschein steckt meist voll Trug,
und über das, was man bloß sieht, läßt sich kein Urteil fällen.
ORGON
Ich platze!
MADAME PERNELLE
Unbegründeten Verdacht gibts oft genug:
leicht ists, das Gute als was Böses hinzustellen.

ORGON
Wollt Ihr, daß ich als Werk der Nächstenliebe deute,
wenn jemand darauf aus ist, meine Frau zu küssen?
MADAME PERNELLE
Nur wenn man Anlaß hat, verklagt man andre Leute,
drum brecht nicht gleich den Stab, ohne es genau zu
[wissen.
ORGON
Wie sollte ich denn da noch sichrer gehn?
Ja ratet Ihr mir denn, in aller Ruhe zuzusehn,
bis... Ihr legt mir noch eine Dummheit in den Mund.
MADAME PERNELLE
Er tut doch einen solchen Glaubenseifer kund,
daß alles sich in mir dagegen sperrt,
zu glauben, daß er derlei schlimme Dinge tut.
ORGON
Ich weiß nicht mehr, wenn Ihr nicht meine Mutter wärt,
was ich noch sagen würde, so bin ich in Wut.
DORINE
Wie doch Gerechtigkeit hienieden alles lenkt;
Ihr glaubtet nicht, und jetzt seid Ihrs, dem man
[nicht Glauben schenkt.
CLEANTE
Und wir verlieren mit Lappalien die Zeit,
die nötig ist, um einen Abwehrplan zu fassen.
Bei dem, was er uns androht, gilt es aufzupassen.
DAMIS
Was! Seine Unverschämtheit geht so weit!
ELMIRE
Ich denke, er zieht schwerlich vor Gericht;
zu deutlich hieße das die Dankbarkeit verletzen.
CLEANTE
Er wird Methoden kennen, täuscht Euch nicht,
sich gegen Euch ins Recht zu setzen;

viel weniger, wenn jemand Böses will, genügt,
um Leute in die ärgste Schwierigkeit zu bringen.
Ich sag es noch einmal: Bei dem, worüber er verfügt,
war es ganz falsch, so auf ihn einzudringen.

ORGON
Das stimmt, jedoch was tun? Bei seiner Dreistigkeit
war ich nicht fähig, meine Wut zu unterdrücken.

CLEANTE
Ich wünschte sehr, es gäbe eine Möglichkeit,
Eure Beziehung wenigstens zum Schein zu flicken.

ELMIRE
Ich wußte ihn nicht im Besitz so starker Waffen,
sonst hätte ich den Wirbel gar nicht angefangen,
und mein…

ORGON *zu Dorine*
              Geht zu dem Mann! Was hat er hier zu schaffen?
Ich bin nicht aufgelegt, Besucher zu empfangen!

4. SZENE – MONSIEUR LOYAL, MADAME PERNELLE,
ORGON, DAMIS, MARIANE, DORINE, ELMIRE,
CLEANTE.

MONSIEUR LOYAL
Ich grüße Euch, Schwester, und ersuche, daß Ihr melden laßt,
daß ich den Hausherrn sprechen will.

DORINE
              Er hat Besuch zu Gast
und ist, glaub ich, jetzt nicht bereit, Euch anzuhören.

MONSIEUR LOYAL
Das letzte, was ich möchte, ist ihn stören.
Mein Kommen wird er sicher nicht bereuen,
ich bringe nämlich Sachen, die ihn freuen.

CLEANTE
Ihr heißt?
MONSIEUR LOYAL
   Ach, sagt ihm nur, ich sei gekommen
im Auftrage des Herrn Tartuffe, zu seinem Nutz und
              [Frommen.
CLEANTE *zu Orgon*
Da ist ein Mann mit freundlichem Betragen,
gesandt von Herrn Tartuffe; er läßt Euch sagen,
er bringe Sachen, die Euch freun.
CLEANTE
        Es tut jetzt not,
zu hören, wer er ist und was er mag.
ORGON
Vielleicht bringt er uns ja ein Friedensangebot.
Welche Gefühle lege ich am besten an den Tag?
CLEANTE
Macht gute Miene zu dem bösen Spiel,
und spricht er von Vergleich, dann zeigt Euch offen.
MONSIEUR LOYAL
Ich grüße Euch. Den straf der Himmel, der Euch
            [schaden will,
Monsieur; er schütz Euch so, wie meine Wünsche
ORGON   [dies erhoffen.
Wie ich mirs dachte: dieser freundliche Beginn
deutet bereits auf einen Ausgleich hin.
MONSIEUR LOYAL
Mit diesem Haus verknüpft mich ein besondres Band:
wißt, daß ich schon in Eures Vaters Diensten stand.
ORGON
Ich bin beschämt und bitte, daß Ihr mir verzeiht:
Ich weiß nicht, wie Ihr heißt und wer Ihr seid.
MONSIEUR LOYAL
Loyal heiß ich, bin aus der Normandie gebürtig

und von Beruf Gerichtsvollzieher, was mich selbst betrübt.
Ich habe dieses Amt – dem Himmel Dank – stets würdig
seit nunmehr vierzig Jahren ausgeübt
und bringe Euch, Monsieur, mit Eurem Einverständnis
hiermit einen Vollzugsbescheid zur Kenntnis.
ORGON
Was! Ihr…
MONSIEUR LOYAL
         Monsieur, Ihr sollt Euch bitte nicht erregen:
ich habe nur eine Verfügung vorzulegen,
die Anordnung, dies Haus ohne Verzug und Säumen
mit den Bewohnern und dem Mobiliar zu räumen,
um andern Platz zu machen, wie es nötig ist.
ORGON
Ich? Aus dem Haus?
MONSIEUR LOYAL
         Monsieur, ja bitte, seid so gut.
Es ist der Herr Tartuffe, wie Ihr wohl wißt,
in dessen Händen dieses Haus jetzt ruht.
Von nun an ist ihm Euer Hab und Gut zu eigen,
wie die Papiere, die ich bei mir habe, zeigen.
Sie haben Rechtskraft und sind einwandfrei.
DAMIS
Mir bleibt die Spucke weg bei dieser Schurkerei.
MONSIEUR LOYAL
Die Angelegenheit ist nicht an Euch gerichtet,
betrifft vielmehr Monsieur; er würde nie den Takt verletzen.
Er weiß zu gut, wozu den Ehrenmann ein Amt verpflichtet,
um sich dem Ablauf der Justiz zu widersetzen.
ORGON
Aber…
MONSIEUR LOYAL
         Monsieur, ich weiß, auch nicht für eine Million
wärt Ihr jemals bereit zur Rebellion;

als Mann von Ehre duldet Ihr es ohne Groll,
daß ich Befehle so befolge, wie ich soll.

DAMIS

Mein Herr Gerichtsvollzieher, Euer schwarzer Rock
schließt demnächst noch Bekanntschaft mit dem Stock.

MONSIEUR LOYAL

Sagt Eurem Sohn, er möge schweigen oder gehn,
Monsieur, weil es mir sehr zuwider wäre,
ihn hier im Protokoll vermerkt zu sehn.

DORINE

Der Herr Loyal macht seinem Namen alle Ehre.

MONSIEUR LOYAL

Menschen von Stand bin ich besonders zugetan;
Monsieur, nur darum habe ich den Akt persönlich zugestellt,
weil ich Euch damit einen Dienst erweisen kann
und es verhindre, daß man andre dazu wählt,
die, weil sie Euch nicht meine Sympathie entgegenbringen,
in dieser Sache unsanfter zu Werke gingen.

ORGON

Was kann man Menschen antun, was noch schlimmer ist,
als sie aus ihrem Haus zu werfen?

MONSIEUR LOYAL

                                    Ihr habt eine Frist:
bis morgen will ich Euch gern Aufschub gönnen,
Monsieur, bevor man den Bescheid vollzieht.
Ich muß nur bei Euch übernachten können,
mit zehn von meinen Leuten, ohne daß uns jemand sieht.
Der Form zuliebe müßt Ihr mir vor allen Dingen
vor dem Zubettgehn Eure Haustürschlüssel bringen.
Ich trage dafür Sorge, daß nichts Eure Ruhe stört
und daß man alles meidet, was sich nicht gehört.
Jedoch sobald es Tag wird, seid Ihr aufgefordert,
das Haus zu leeren bis zum kleinsten Gegenstand.
Als Hilfe habe ich ja starke Männer herbeordert,

sie gehen Euch beim Tragen gern zur Hand.
Ich glaube niemand ist entgegenkommender als ich,
und angesichts der Rücksicht, die wir Euch gewähren,
Monsieur, ersuch auch ich Euch eindringlich,
mir die Erfüllung meiner Pflicht nicht zu erschweren.

ORGON *leise*
Die schönsten hundert Louisdore, die mir bleiben,
gäb ich jetzt auf der Stelle liebend gern,
könnt ich dafür nach Gusto diesem Herrn
mit meiner Faust die Nase blutig reiben.

CLEANTE *leise zu Orgon*
Verderbt es nicht.

DAMIS
                Was dieser Kerl sich traut!
Mir juckt die Hand. Ich fahre aus der Haut.

DORINE
Monsieur Loyal, es scheint mir, Euer Rücken ist schön breit,
da sind doch ein paar Hiebe eine Kleinigkeit.

MONSIEUR LOYAL
Mamsell, sagt solche bösen Worte lieber nicht:
auch Frauen lädt man nämlich vor Gericht.

CLEANTE
Monsieur, gebt die Papiere her, damit das endet,
und dann verlaßt uns, es ist besser so.

MONSIEUR LOYAL
Auf Wiedersehn. Der Himmel mach Euch alle froh.

ORGON
Erschlag er dich und den, der dich uns sendet.

5. SZENE – ORGON, CLEANTE, MARIANE, ELMIRE, MADAME
PERNELLE, DORINE, DAMIS.

ORGON

Da habt Ihrs, Mutter, bin ich nicht im Recht gewesen?
Ihr braucht ja nur diesen Bescheid zu lesen:
Seht Ihr jetzt endlich seine Perfidie?

MADAME PERNELLE

Ich fall aus allen Wolken, nein, das faß ich nie.

DORINE

Es ist nicht recht von Euch, ihn so zu schelten;
das, was er tat, hat seine frommen Ziele nur bekräftigt
und uns gezeigt, daß sie dem Wohl des Nächsten gelten.
Weil der Besitz den Menschen oft zu sehr beschäftigt,
entlastet er Euch selbstlos von der Bürde,
die Euch den Weg zum Heil erschweren würde.

ORGON

Seid still; das sagt man Euch von früh bis spät.

CLEANTE

Doch überlegen wir, was man Euch jetzt am besten rät.

ELMIRE

Prangert vor allen Augen seine Falschheit an.
Sein Vorgehn setzt die Wirkung des Vertrages außer Kraft.
Man wird sich so empören über diese Machenschaft,
daß ihm sein Anschlag nicht gelingen kann.

6. SZENE – VALERE, ORGON, CLEANTE, ELMIRE, MARIANE.

VALERE

Monsieur, ich komme ungern als ein Unglücksbote
und wär nicht hier, wenn Euch nicht Unheil drohte.
Ein Freund, der durch die Zuneigung, die uns verbindet,

weiß, was mein Herz für Euer Haus empfindet,
hat meinetwegen viel aufs Spiel gesetzt
und seine Schweigepflicht in einem Staatsgeschäft verletzt.
Er hat mir einen Hinweis übermittelt, der besagt,
daß Ihr gezwungen sei, sofort von hier zu fliehn.
Ihr habt Euer Vertrauen einem Schuft geliehn:
vor einer Stunde hat er Euch beim König angeklagt
und ihm – zu allem andern, was er Euch zum Vorwurf macht –
auch die Kassette eines Staatsfeinds überbracht
mit der Behauptung, gegen Eure Untertanenpflicht
hättet Ihr sie der Obrigkeit verhehlt.
Was Euch im einzelnen zu Last gelegt wird, weiß ich nicht,
doch gegen Euch erging bereits ein Haftbefehl,
und um ihn zu vollstrecken, ist er selbst dazu bestimmt,
den zu begleiten, der Euch in Gewahrsam nimmt.

CLEANTE

Mit diesen Waffen wirds dem Schuft gelingen,
all Euer Hab und Gut in seine Hand zu bringen.

ORGON

Der Mann ist in der Tat ein Ungeheuer.

VALERE

Auch der geringste Aufschub kommt Euch teuer.
Für Euch steht meine Kutsche vor dem Tor,
und hier bring ich fürs erste tausend Louisdor.
Es geht um Kopf und Kragen, Euch bleibt keine Zeit.
Es ist ein Schlag, dem man sich nur durch Flucht entzieht.
Ich kenne einen sichern Ort und biet Euch mein Geleit,
bis Eure Fahrt ein gutes Ende sieht.

ORGON

Ich kann nicht sagen, wie mich Eure Hilfe rührt!
Zu einem andern Zeitpunkt werdet Ihr dafür entschädigt;
den Himmel bitte ich, er sei mir gnädig,
daß ich sie Euch vergelten kann, wie sichs gebührt.
Ihr anderen, lebt wohl. Seht...

CLEANTE

Schwager, flieht;
wir sorgen schon dafür, daß hier das Richtige geschieht.

7. SZENE – DER POLIZEIOFFIZIER, TARTUFFE,
   VALERE, ORGON, ELMIRE, MARIANE.

TARTUFFE

Gemach, mein Herr, warum so schnell verschwinden?
Ihr braucht nicht weit zu gehn, um Unterschlupf zu finden,
denn auf Befehl des Königs werdet Ihr in Haft gesetzt.

ORGON

D e n Schlag hast du dir aufgehoben bis zuletzt!
Den Todesstoß, Verräter, gibst du mir mit dieser Tat,
und damit krönst du deinen tückischen Verrat.

TARTUFFE

Mich bringen Eure Schmähungen nicht auf,
ich nehme für den Himmel alles gern in Kauf.

CLEANTE

Ich muß schon sagen, daß mir diese Demut imponiert.

DAMIS

Den Himmel lästert der Halunke ungeniert!

TARTUFFE

Ereifert Ihr Euch nur, mich trifft es nicht,
mir geht es einzig und allein um meine Pflicht.

MARIANE

Die trägt Euch sicher Ruhmeslorbeer ein,
mit diesem Dienst setzt Ihr Euch selbst ein Ehrenmal.

TARTUFFE

Wie sollte auch ein Dienst nicht ruhmvoll sein,
wenn er dem gilt, der mich hierher befahl?

ORGON

Hast du vergessen: meine mildtätige Hand,
du Undankbarer, zog dich aus der Not?

178

TARTUFFE

Ich weiß die Unterstützung, die ich bei Euch fand,
jedoch des Königs Sache ist mein oberstes Gebot;
und dieses heilige Gebot in seiner Unerbittlichkeit
erstickt in meinem Herzen jede Dankbarkeit;
ich täte alles zur Erfüllung solcher Pflichten,
und müßt ich Eltern, Freund, Frau, ja mich selbst vernichten.

ELMIRE

Nur Lug und Trug!

DORINE

　　　　　　　Mit welcher abgefeimten Hinterlist
schützt er das vor, was Menschen heilig ist!

CLEANTE

Wenn es so kompromißlos ist, wie Ihr erklärt,
das Pflichtbewußtsein, mit dem Ihr Euch brüstet,
wie kommt es, daß es sich erst dann nach außen kehrt,
als er entdeckt, daß Euch nach seiner Frau gelüstet?
Daß Ihr erst dann dran denkt, ihn anzuklagen,
als ihn die Ehre zwingt, Euch aus dem Haus zu jagen?
Und ich erwähne nicht einmal als Argument,
daß er Euch erst vor kurzem sein Besitztum überschrieb;
jedoch wenn Ihr ihn jetzt Verbrecher nennt,
warum nahmt Ihr gleichwohl mit seinem Hab und Gut vorlieb?

TARTUFFE *zu dem Polizeioffizier*

Monsieur, erspart mir doch dies mißliche Krakeelen,
ich bitte Euch, gehorcht Euren Befehlen.

DER OFFIZIER

Es stimmt, wir zögern schon zu lang für solche Fälle,
und Ihr tut gut daran, zur Eile anzutreiben.
Ich führe die Befehle aus, kommt auf der Stelle
mit ins Gefängnis, dort sollt Ihr in Zukunft bleiben.

TARTUFFE

Monsieur, wer? Ich?

DER OFFIZIER　　　　　Ja, Ihr.

TARTUFFE

                     Warum soll ich in Haft?

DER OFFIZIER

Nicht Euch erstatte ich darüber Rechenschaft.
Zu Orgon.
Monsieur, erholt Euch von dem heißen Schrecken.
Der Fürst, der uns regiert, sieht den Betrug mit Abscheu an;
sein Blick vermag in Herzen das Geheimste zu entdecken,
so daß die Kunst der Heuchler ihn nicht täuschen kann.
Denn seine große Seele weiß in allen Dingen
mit unbeirrbar klarem Sinn zu unterscheiden,
nichts kann sein Urteil in Verwirrung bringen,
und immer wird er klug das Übermaß vermeiden.
Ewigen Ruhm läßt er die Ehrbaren genießen –
indes ist er nicht blind in diesem Streben;
die Achtung wahrer Tugend wird ihm nicht das
                       [Herz verschließen
vor jenem Abscheu, zu dem Heuchler Anlaß geben.
Auch dieser traf ihn nicht unvorbereitet,
und er erwehrt sich noch viel listigerer Schlingen.
Die sonnenhafte Klarheit, die sein Blick verbreitet,
ließ ihn die Tücke seines Herzens gleich durchdringen.
Als Euer Ankläger ward er sich selber zum Verräter
und – weil sich so Gerechtigkeit erfüllen mußte –
enttarnte sich vorm König als bekannter Übeltäter,
von dem er unter andern Namen schon seit langem wußte;
es geht um zahlreiche Verbrechen übelster Natur,
die aufzuzählen dicke Bände füllt.
Kurzum, der König war entsetzt, als er erfuhr,
wie schnöde er Euch Eure Wohltaten vergilt.
Der Liste seiner Frevel hat er dies hinzugezählt
und mich seinem Befehl nur darum unterstellt,
damit der Schurke seine Frechheit auf die Spitze treibt,
und Ihr am Ende über nichts im Ungewissen bleibt.

Er will, daß ich die Dokumente, die er sich erschlich,
beschlagnahme und Euch zurückerstatte,
und sein Entscheid löst den Vertrag höchstrichterlich,
der ihm alle Eure Güter übereignet hatte.
Schließlich verzeiht er Euch die Unbotmäßigkeit,
der Ihr Euch bei der Flucht des Freundes schuldig
                                                    [machtet,
und zwar in Anerkennung jener Tapferkeit,
die Ihr einst seinem Recht im Kampf entgegenbrachtet,
zum Zeichen, daß sein Herz, wenn niemand daran denkt,
gerechten Lohn für gute Tagen schenkt,
daß ein Verdienst bei ihm niemals verfällt
und daß er mehr als Böses Gutes im Gedächtnis hält.

DORINE
Dem Himmel Lob!

MADAME PERNELLE
                    Man kann wieder zu Atem kommen.

ELMIRE
Es geht gut aus!

MARIANE
                    Wer hätte das noch angenommen!

ORGON *zu Tartuffe*
So, du Verräter, jetzt wird...

CLEANTE
                    Haltet Euch zurück,
statt unwürdig mit gleicher Münze heimzuzahlen.
Laßt diesen Elenden seinem erbärmlichen Geschick,
straft ihn nicht noch zu seinen Reuequalen.
Wünscht vielmehr seinem Herzen Kraft, sich zu bekehren,
sich heute auf den Weg der Tugend zu besinnen,
in einem neuen Leben seinen Lastern abzuschwören
und bei dem großen König Milde zu gewinnen,
indes Ihr zu ihm geht und ihm auf Knien so dankt,
wie seine großherzige Nachsicht es verlangt.

181

ORGON

Ja, gut gesprochen. Freudig preise ich zu seinen Füßen
das Glück, das seine Gaben uns bereiten.
Hab ich der ersten Pflicht genügt, ihm Dank erwiesen,
dann schreite ich zu der Erfüllung einer zweiten:
ich will, daß eine treue Liebe ihre Krönung findet,
indem Valère sich mit Mariane verbindet.

Molière, alias Jean-Baptiste Poquelin, geboren 15. 1. 1622, gestorben 17. 2. 1673

Uraufführung *Der Tartuffe* in einer unbekannten drei-aktigen Fassung am 12. 5. 1664 in Versailles anläßlich des Festes »Plaisirs de l'ile echantée«; in einer nicht legiti-mierten Version am 5. 8. 1667 unter dem Titel »L'imposi-teur«; in der endgültigen Fassung am 5. 2. 1669 am Théâtre du Palais Royal in Paris. Uraufführung der deutschen Übersetzung von Simon Werle am 16. 9. 1989 am Staatstheater in Darmstadt.

Uraufführung *Der Menschenfeind* am 4. 6. 1666 am Théâtre du Palais Royal in Paris. Uraufführung der deutschen Übersetzung von Simon Werle am 3. 6. 1992 am Theater Basel.

Simon Werle, geboren 1957 im Saarland, lebt heute in München. Studium der Romanistik und Philosophie in München und Paris. Literarische Veröffentlichungen in Zeitschriften und Anthologien, Erzählungen, gesammelt in *Grundriß der Entfernung* (1986) sowie die Prosabücher *Proxima Centauri* (1988) und *Die Eroberung der Luft* (1991).

Übersetzer von französischen und englischen Autoren unter anderem Victor Segalen, Alfred Jarry, Michel Leiris, Jean Genet, W. A. Auden, Bernard-Marie Koltès, Marguerite Duras sowie besonders von klassischen französischen Dramen:
Pierre Corneille, *Spiel der Illusionen; Der Cid;*
Jean Racine, *Phädra; Andromache; Berenike; Britannicus*
Molière, *Der Geizige; Tartuffe; Der Menschenfeind*
Alfred de Musset, *Die Launen der Marianne*

1985 Preis der Frankfurter Autorenstiftung
1988 Paul-Celan-Preis des Deutschen Literaturfonds
1992 Johann-Heinrich-Voss-Preis der Deutschen Akademie für Sprache und Dichtung

THEATERBIBLIOTHEK

Urs Widmer, Der Sprung in der Schüssel. Fröhlicher - ein Fest
Urs Widmer, Stan und Ollie in Deutschland. Alles klar
Oscar Wilde, Salome

FILMBIBLIOTHEK

Hans Helmut Prinzler / Erich Rentschler (Hrsg.), Augenzeugen. 100 Texte neuer deutscher Filmemacher
Fassbinders Filme, Band 2: Warum läuft Herr R. Amok? und andere Filme; Band 3: Händler der vier Jahreszeiten und andere Filme; Band 4/5: Acht Stunden sind kein Tag. 2 Bände in Schuber
Edgar Reitz, Drehort Heimat
Helma Sanders-Brahms, Das Dunkle zwischen den Bildern
Wim Wenders, Emotion Pictures
Wim Wenders, Die Logik der Bilder
Wim Wenders, The Act of Seeing
Wim Wenders, Tokyo-Ga

Verlag der Autoren

Jean Racine
Phädra / Andromache
152 Seiten. Englische Broschur

Jean Racine
Berenike / Britannicus
137 Seiten. Englische Broschur

Aus dem Französischen von Simon Werle

Es ist das Verdienst von Simon Werle, durch seine neue Übersetzung die großen Tragödien des französischen Klassikers für das deutsche Theater entdeckt und aufführbar gemacht zu haben. "Simon Werle hat eine Fassung gefunden, die sprechbar ist wie das Original. 'Sprechbar' nicht im Sinne von bequem, schludrig, alltäglich, sondern in dem, daß seine Sprache fähig ist, alle Nuancen der Rede auszudrücken, daß sie ein geschmeidiges Instrument ist für die Distanz wie für die Intimität der Personen, die für sich und miteinander reden. Werles Sprache läßt Platz für den Interpreten. Auch dies ist neu und dem Original gemäß. Die Mündlichkeit der Vorlage hat Simon Werle als erster getroffen. Und er hat sich weitgehend von den Klischees der poetischen Sprache befreien können, in die ein Spätgeborener leicht verfällt, wenn die Sprache an seiner Stelle dichtet. Vor allem nimmt er Racines Bilder ernst: als Realität, nicht als bloßen Schmuck. Für fast alle gibt es literarische Quellen. Hinter ihnen steht aber auch die Erfahrung eines leidenschaftlichen Lebens, das Racine geführt hat. Und alle stimmen sachlich genau: politisch, juristisch, psychologisch. Am stärksten ist Werle dort, wo er scheinbar nur Interlinearversionen gibt: wo der gleiche oder vergleichbare Satzbau eine ähnliche Folge der Sinneinheiten erlaubt, ja einen fast identischen rhythmischen Fall der Silben. Da wirkt Werle wie ein Original." *Neue Zürcher Zeitung*

Theaterbibliothek   **Verlag der Autoren**